*La revue Legs et Littérature est une publication de l'Association Legs et Littérature (ALEL). L'Association remercie la Fondation Konesans ak Libète (FOKAL) pour son soutien financier.*

**Redactrice en chef**
**Mirline Pierre**

**Sous la direction de :**
**Carolyn Shread**
**Dieulermesson Petit Frère**

Les points de vue contenus dans les articles sont exprimés sous la responsabilité de leurs auteurs. Tous les textes de ce numéro sont protégés par le Bureau haitien du droit d'auteur (BHDA).

ISSN : 2307-0234
ISBN : 97899970-86-20-4
LEGS ÉDITION
Dépôt légal : 15- 06-369
Bibliothèque Nationale d'Haïti

© Legs et Littérature, octobre 2016

Contact :
www.legsedition.com
legsetlitterature@venez.fr
509 49 28 78 11
509 37 48 59 51
26, Delmas 8, Port-au-Prince, Haïti.

# La rédaction

Wébert Charles
(Haïti)

Dieulermesson Petit Frère
(Haïti)

Jean Watson Charles
(France)

Catherine Boudet
(Ile Maurice)

Mirline Pierre
(Haïti)

Carolyn Shread
(États-Unis)

Guillemette de Grissac
(France-Réunion)

Jean James Estépha
(Haïti)

Fritz Calixte
(France-Haïti)

Claudy Delné
(États-Unis-Haïti)

Kokouvi Dzifa Galley
(Togo)

*Éditorial*

# LES SILENCES DE MARIE VIEUX-CHAUVET

Au premier abord, Marie Vieux-Chauvet, c'est avant tout quelqu'un qui a parlé, quelqu'un – une femme – qui ose parler en pleine dictature. Et qui en subira les conséquences. C'est ce que Marie-Josée Desvignes nous rappelle ci-dessous, citant Dany Laferrière dans sa postface à la réédition haïtienne de la trilogie : l'auteure est celle qui « a été réduite au silence et soumise à l'exil par la fureur que suscita son œuvre chez Duvalier ». Et à Yves Mozart Réméus de nous rappeler qu'une telle situation n'est point unique, mais fait plutôt partie de toute une tradition qui réduit les femmes au silence, à commencer par le manuel d'histoire de Dorsainvil qui « a forgé les conceptions de l'histoire nationale de plusieurs générations de scolarisés sur plus d'un demi-siècle », de sorte que « l'acte que pose une femme en prenant la parole dans la sphère publique ou en écrivant est, au possible, un acte subversif ». Effectivement. D'autant plus que, comme nous le démontre Dieulermesson Petit-Frère, chez notre auteure, « le personnage féminin [...] est au cœur de l'action ». Et elle y restera pour se raconter et pour s'affirmer à travers son engagement. Si ce numéro témoigne alors de cet acte foncier qui est celui de prendre la parole, de narrer les non-dits de la terreur, les velléités devant l'injustice qui rode dans tous les coins et ronge toutes les classes sociales, et si la revue *Legs et littérature* fait preuve de la continuité de ses mots, de l'après-vie de son

« *Marie Vieux-Chauvet est avant tout quelqu'un qui a parlé, quelqu'un – une femme – qui ose parler en pleine dictature* »

œuvre littéraire, du sillage d'une auteure dont l'énoncé garde toute sa force, ses fraîcheurs, avant de vous inviter à découvrir les nouvelles critiques, les créations, les entretiens et les recherches qu'elle suscite, j'aimerais vous faire entendre, imaginer, le temps d'une expiration profonde : ses silences.

C'est Marie Alice Théard, qui m'a insufflé cette voie lorsqu'elle mentionne, en passant, dans son billet doux à Marie Vieux-Chauvet que "ta sœur Liliane évoque tes grands moments de silence." Ainsi, il ne s'agit pas de ces silences infâmes, si bien connus, tant interrogés, qui ont enfermé et, paradoxalement, gardé en vie, ses écrits, mais de ceux, vécus, d'où elle puise ses créations : "ces moments qui génèrent une réalité romancée." Silences dont l'origine naît d'un refus de l'injustice rampante et qui préparent l'entente avec l'autre, bâillonné, pour mieux articuler son intervention :

> *La peur était la responsable. La peur qui vous clôt les yeux sur des crimes crapuleux. La peur qui vous scelle les lèvres. La peur qui vous fait baisser la tête pour paraître indifférent et résigné quand les tripes et les nerfs et le sang bouillonnent au fond de vous de rage et de révolte [...] Mais que faire ? Élever la voix ? C'était se perdre.*[1]

« J'aimerais vous faire entendre, imaginer, le temps d'une expiration profonde : ses silences »

Le silence que j'évoque, donc, sera non pas celui qui l'a entourée et dont elle sort, plus brillante, plus tranchante que jamais, mais le silence qui lui était nécessaire pour dire du neuf, pour fendre à la fois les discours et l'étouffement ambiants, les mots qu'on ne dit pas autant que ceux qu'on n'imagine pas.

Je pense à elle comme au poète, Michel, dans *Les rapaces*, qui se retrouve, seul, sur une morne devant l'aube afin de remémorer son enfance, sa mère, son amour de la patrie, de cette terre. Et puis, à celui du père d'Anne qui va se recueillir sur sa tombe à la fin de cette œuvre de fin de vie, d'exil à New York. Comme le signale Marc Exavier dans ses propos au sujet de *Les rapaces*, ces

---

1. Marie Vieux-Chauvet, *Les rapaces*, Port-au-Prince, Henri Deschamps, 1986, p. 67.

silences vont produire ce qui demeure « un choc salutaire pour la conscience » car cette grande auteure n'a écrit qu'à force de se taire – jusqu'à ce qu'elle n'en pouvait plus.

Mais qui témoignera des silences de Marie Vieux-Chauvet ?

En mai 2016, au moment des retrouvailles joyeuses d'Haïti avec son écrivaine à la Bibliothèque Nationale lors d'une journée d'études[2], puis par la suite au Parc historique de la canne à sucre, lors de la célébration des foules bruyantes précipitant sur *Livres en folie* où Marie Vieux-Chauvet a été l'invitée d'honneur, ne les oublions pas, ces réserves de silences, soubassement de son œuvre. Une deuxième journée d'études baptisée *Chauvet's Theatres of Revolt* a eu lieu à CUNY Graduate Center au Segal Theatre à New York, organisée par Alessandra Benedicty-Kokken et Kaiama L. Glover. Une série de discussions de la dimension théâtrale de l'œuvre de Marie Vieux-Chauvet, ponctuée par une lecture de la nouvelle traduction de *La danse sur le volcan* de Kaiama L. Glover par Gina Athena Ulysse a été suivie d'une soirée de lectures des extraits de ses textes dramatiques, y inclus *La légende des fleurs, Amour* et *Les rapaces* en traduction anglaise.

Si ce n'est que ses proches, ceux qui, vivant à ses côtés, puissent nous les rappeler, ces pauses font autant partie de son exploit que tout l'amour, la colère et la folie qui en sortent et qui s'y expriment.

Et puis, admettons que nous aussi, nous avons besoin de silence, de recueil. Je pense à Thomas Spear qui, ému, se retrouve devant le tombeau de Marie Vieux-Chauvet au plein cœur de Port-au-Prince, abasourdi[3]. Il vient lui offrir non seulement quelques

---

2. *La journée d'études Marie Vieux-Chauvet*, organisée par la Bibliothèque nationale d'Haïti et Le Nouvelliste, a eu lieu le 25 mai, 2016 à la Bibliothèque Nationale d'Haïti à Port-au-Prince.
3. Thomas Spear, participant à la *Journée d'Études Marie Vieux-Chauvet*, a reçu le prix du Gardien du livre, premier étranger à se voir octroyer cet honneur bien mérité, entre autres, pour la contribution du site web incontournable, île en île: http://ile-en-ile.org/.

fleurs, mais aussi un moment de paix, de compréhension muette. Le respect qui se dit le mieux sans mots, dans un état de contemplation.

Silence qui peut aussi, des fois, se trouver chez soi, dans la solitude du *lakay*, comme le remarque Jean James Estépha dans son article « La maison : lieu de refuge et de combat dans l'œuvre de Marie Vieux-Chauvet ». Rappelons la case enfouie sous les arbres où se réfugient Alcindor et sa famille démunie – après l'assassinat brutal du poète. Et puis il y a aussi cette photo, maintenant connue de tous, repris sur la couverture de *Yale French Studies* : Marie Vieux-Chauvet allongée devant sa bibliothèque, qui nous regarde de ces yeux qui semblent revenir d'un long silence de recueillement et qui préparent, déjà, le moment du logos[4]. Même sous l'interrogation qui nous engouffre dans le silence éternel de l'image fixe de la photographie, on y lit la force d'attente, ainsi que la dialectique du mot et de son double.

Chez l'auteure, bien sûr, nous connaissons bien les silences des personnages. Dans son article, Ulysse Mentor fait le compte rendu du mutisme de Claire, du « retranchement dans son for intérieur » afin de mieux discerner la ligne qui réunit conformisme et révolte. C'est effectivement d'une ascèse préalable à la création qu'il s'agit, séjour aux tréfonds qu'analysera Max Dominique chez les trois héroïnes – Lotus, Claire, Rose. Lorsque, dans le cadre de son étude, Dominique évoque « une déhiscence de l'être », voire « une plongée abyssale au plus dense de l'être »[5] nous discernons le silence de l'apnée. Ainsi, nous accordons aux personnages ce que l'on n'a pas encore avéré chez l'auteure : le besoin d'un silence à soi. Car si, depuis Virginia Woolf, toute écrivaine revendique une chambre à soi, c'est d'abord et avant tout pour retrouver son propre silence. Non pas un silence imposé, mais celui, choisi, qui nous apaise, renforce et, de cette

---

4. *Yale French Studies*, No. 128 « Revisiting Marie Vieux-Chauvet : Paradoxes of the Postcolonial Feminine », eds. Kaiama L. Glover and Alessandra Benedicty-Kokken, New Haven, Yale University, 2015. Cette photo est l'une des photos de l'auteure faisant partie de l'exposition organisée par la Fondation connaissance et liberté (Fokal) lors de *Livres en folie* 2016 en Haïti.
5. Max Dominique « Héroïnes de Marie Vieux-Chauvet, » p. 76.

manière, pose les bases de l'expression.

L'œuvre de Vieux-Chauvet, comme toute œuvre, ressort d'une parole vécue. Ainsi les recherches à la fois biographiques et bibliographiques de Kaiama Glover, qui développent les données d'archives, notamment sa correspondance avec Simone de Beauvoir du moment de la publication d'*Amour, Colère et Folie*, afin de mieux comprendre les croisements entre la vie de l'auteure et celle de ses écrits, nous apportent ici non seulement une lecture de son audace, mais aussi et surtout une interprétation subtile des rapports du privé et du public que cette théoricienne sociale ne saurait plus mettre sous silence.[6] Critique féministe, femme engagée qui conçoit le silence non pas au terme de la capitulation ou l'abdication de ceux qui « continuent à se boucher les yeux, la bouche et les oreilles » mais qui le manie, le remanie et le casse enfin « pour [ne pas] vivre en paix dans la terreur ». Voilà le silence que nous connaissons chez elle.

> « *L'œuvre de Vieux-Chauvet, comme toute œuvre, ressort d'une parole vécue* »

**Carolyn Shread, Ph.D.**

---

6. Kaiama Glover souligne l'importance des recherches de Régine Isabelle Joseph qui sont présentées, entre autres, dans son article « The Letters of Marie Chauvet and Simone de Beauvoir : A Critical Introduction » dans le numéro de *Yale French Studies* voué à l'auteure, et les prolonge en ajoutant le perspectif de Chauvet en tant que « théoricienne sociale sévère et perspicace ».

# Sommaire

## • Marie Vieux-Chauvet

17   Marie Chauvet : théoricienne sociale
     *Par Kaiama L. GLOVER*
31   Claire, entre conformisme et révolte : Une lecture d'*Amour* de Marie Vieux-Chauvet
     *Par Ulysse MENTOR*
51   Engagement et résistance dans *Amour, Colère et Folie* de Marie Vieux-Chauvet
     *Marie-Josée DESVIGNES*
63   *Les rapaces* de Marie Vieux-Chauvet : un choc salutaire pour la conscience
     *Par Marc EXAVIER*
73   Héroïnes de Marie Vieux-Chauvet
     *Par Max DOMINIQUE*
91   *La Danse sur le volcan* : entre histoire, fiction et féminisme
     *Par Yves Mozart RÉMÉUS*
109  La maison: lieu de refuge et de combat dans l'œuvre de Marie Vieux-Chauvet
     *Par Jean James ESTÉPHA*
121  Violence, refoulement et désir dans *Amour* et *Colère* de Marie Vieux-Chauvet
     *Par Dieulermesson PETIT FRERE*

## • Portrait et témoignage

143  Marie Vieux-Chauvet : chronique d'une révoltée
     *Par Dieulermesson Petit Frère*
147  Rencontre avec Jean Daniel Heurtelou, neveu de Marie Vieux-Chauvet
     *Propos recueillis par Marie Alice Théard*

## • Lectures

159  *Fille d'Haïti*
     Par Wébert CHARLES

# Sommaire

162  *La danse sur le volcan*
     Par Alix EMERA
167  *Fonds des Nègres*
     Par Dieulermesson PETIT FRERE
170  *Amour...*
     Par Mirline PIERRE
173  *...Colère*
     Par Jethro ANTOINE
177  *...Folie*
     Par Kernst-Élie CALIXTE
180  *Les rapaces*
     Par Mirline PIERRE

• **Créations**

185  [Extraits] *Lettres de Marie Vieux-Chauvet*
     Marie Vieux-Chauvet
189  *Moi et le regrad de Marie Vieux-Chauvet*
     Serghe Kéclard
197  *Faillir propre*
     Inéma Jeudi
201  *Billet à Marie Vieux-Chauvet*
     Marie Alice Théard
209  *La lettre à Marie*
     Mirline Pierre

• **Regards**

215  *Caribbean Studies Association, 41ème conférence*
     Par Wébert Charles

217  Prix, distinctions et événements

• **Repères bibliographiques de Marie Vieux-Chauvet**

219  Recensement sélectif d'œuvres de Marie Vieux-Chauvet et sur Marie Vieux-Chauvet

# Première partie

## Marie Vieux Chauvet

**17** **Marie Chauvet : théoricienne sociale**
Par Kaiama L. GLOVER

**31** **Claire, entre conformisme et révolte : Une lecture d'*Amour* de Marie Vieux-Chauvet**
Par Ulysse MENTOR

**51** **Engagement et résistance dans *Amour, Colère et Folie* de Marie Vieux-Chauvet**
Marie-Josée DESVIGNES

**63** ***Les rapaces* de Marie Vieux-Chauvet : un choc salutaire pour la conscience**
Par Marc EXAVIER

**73** **Héroïnes de Marie Vieux-Chauvet**
Par Max DOMINIQUE

**91** ***La Danse sur le volcan* : entre histoire, fiction et féminisme**
Par Yves Mozart RÉMÉUS

**109** **La maison: lieu de refuge et de combat dans l'œuvre de Marie Vieux-Chauvet**
Par Jean James ESTÉPHA

**121** **Violence, refoulement et désir dans *Amour* et *Colère* de Marie Vieux-Chauvet**
Par Dieulermesson PETIT FRERE

# Marie Chauvet : théoricienne sociale

*Professeure associée de français et d'études africaines à Barnard College (Columbia University), Kaiama L. Glover est l'auteur de* Haiti Unbound: A Spiralist Challenge to the Postcolonial Canon *(Liverpool UP, 2010), co-editrice de* Marie Vieux Chauvet: Paradoxes of the Postcolonial Feminine *(Yale French Studies, 2016) et traductrice de* Mûr à crever *de Frankétienne (Archipelago Books, 2014), de* Danse sur le volcan *de Marie Chauvet (Archipelago Books, 2016) et de* Hadriana dans tous mes rêves *de René Depestre (Akashic Books, 2017) en anglais. Elle est l'éditrice du journal* sx:archipelagos: a small axe journal of digital practice.

**Résumé**

*Pour comprendre l'audace fondamentale de Marie Chauvet, on doit la considérer sous un regard à la fois biographique et bibliographique. Nous portons donc notre attention sur une voie du corpus de Chauvet jusqu'ici peu étudiée : des lettres écrites par Chauvet à Simone de Beauvoir lors de la publication d'*Amour, Colère et Folie. *Analysant ces traces d'une conversation professionnelle et personnelle, nous démontrons jusqu'à quel point Chauvet représente une théoricienne sociale sévère et perspicace. Nous mettons l'emphase sur sa critique féministe des sphères privée et publique, indissociablement liées, afin d'évoquer la subtilité critique et radicale de ce grand écrivain haïtien.*

**Mots clés**

*Marie Vieux-Chauvet, théoricienne sociale, dictature, féminisme, révolte.*

## MARIE CHAUVET : THÉORICIENNE SOCIALE

Pour comprendre l'audace fondamentale de Marie Chauvet on doit la considérer sous un regard à la fois biographique et bibliographique. Alors que les œuvres romanesques de Chauvet ont été considérées depuis au moins une vingtaine d'années dans des études pénétrantes et rigoureuses, nous portons ici notre attention sur une voie du corpus de Chauvet jusqu'à présent très peu étudiée : les lettres que Chauvet a écrites lors de la publication de sa trilogie explosive *Amour, Colère et Folie* à la grande intellectuelle féministe française Simone de Beauvoir.[1] Analysant de près ces traces d'une conversation professionnelle et personnelle, politique et intime, nous pouvons clairement voir jusqu'à quel point Chauvet représente et représentait, en plus d'une immense force créatrice, une théoricienne sociale sévère et perspicace. Nous mettons l'emphase sur son analyse féministe des sphères privée et publique en Haïti, indissociablement liées, afin de souligner la subtilité et le radicalisme critique d'une femme pour qui écrire était une véritable question de vie ou de mort.

---

1. Régine Isabelle Joseph offre une analyse fine et astucieuse de la relation épistolaire entre Chauvet et de Beauvoir dans son article, « The Letters of Marie Chauvet and Simone de Beauvoir : A Critical Introduction » dans *Revisiting Marie Vieux Chauvet : Paradoxes of the Postcolonial Feminine* eds. Kaiama L. Glover et Alessandra Benedicty-Kokken, *Yale French Studies*, No. 128, 2015, pp. 25-39. Dans cet excellent essai Joseph met en relief, entre autres, les stratégies discursives employées par Chauvet dans ses rapports avec sa célèbre interlocutrice ».

Entre l'avènement au pouvoir de Duvalier en 1957 et sa mort en 1971, les Haïtiens (sur)vivaient dans un climat de répression absolue marqué par la violence aveugle et la suffocation de l'expression politique et créatrice.[2] Ciblant les groupes religieux aussi bien que les clubs de sports, les instituteurs aussi bien que les prêtres, la garde personnelle de Duvalier – les « tontons-macoutes »[3] – fonctionnaient sans contrainte ni sanction. La violence de l'état avait infiltré chaque coin de la société et les artistes et intellectuels qui avaient décidé de – avaient osé – rester et créer en Haïti pendant les trente années de la règne des Duvalier, père puis fils, furent harassés, réduits au silence et même assassinés. Personne n'était exempté de la persécution de l'État, même pas les femmes et les enfants, et le viol était souvent déployé contre les femmes et les filles de ceux qu'on qualifiait d'« ennemies » politiques du régime.[4]

Duvalier impliquait les femmes dans la politique nationale selon un modèle bien spécifique de la féminité, considérant les femmes « non seulement comme mères de la nation mais aussi comme acteurs politiques significatifs » (Fouron et Glick Schiller, 147).[5] En tous points, « l'État Duvaliériste était focalisé sur "la femme patriotique" dont l'allégeance primaire était d'abord à la nation et à l'État de Duvalier. La femme ou l'homme qui n'adhérait pas à

---

2. Pour une des meilleures analyses de cette période de l'histoire haïtienne et de ses résonances contemporaines, voir *Haiti State Against Nation : The Origins and Legacy of Duvalier* [1990], New York, Monthly Review Press, 2000.
3. En 1959, ayant démantelé l'armée, assassiné tout officier de haut rang et fermé toute agence chargée de faire appliquer la loi en Haïti, Duvalier a créé la Milice de volontaires de la sécurité nationale (MVSN), une organisation paramilitaire privée dont les agents furent connus sous l'appellation « les tontons-macoutes ». Loyaux uniquement et entièrement à Duvalier, les macoutes avaient été donné carte blanche pour extortionner, violer, torturer, assassiner et autrement terroriser la citoyennerie haïtienne.
4. Carolle Charles affirme, « Le sexe de ceux de l'opposition n'a empêché ni la répression ni la torture. Tout comme l'ont témoigné plusieurs réfugiées et exilées politiques, les femmes étaient tenues responsables non seulement de leurs propres actes mais aussi de ceux de leurs relations » [« *The gender of those in the opposition did not prevent repression or torture. As many women refugees and political exiles testify, women were held accountable not only for their own actions but also for those of their relatives* »] (140).
5. « not only as mothers of the nation but also as important political actors ». Duvalier a nommé, par exemple, Rosalie Bosquet (alias « Madame Max Adolphe ») directrice de Fort Dimanche, prison et lieu de torture infâme, puis l'a promue à la position de chef national des macoutes. Il a également créé une division exclusivement féminine de macoutes appelée d'après la légendaire femme-esclave rebelle Marie-Jeanne.

ces politiques devenait un ennemi sujet à la répression politique » (Charles, 139).[6] Il faudrait noter, pourtant, que « [a]lors que Duvalier a conceptualisé les femmes comme des agents politiques, le nationalisme qu'il promouvait ne mettait pas en question l'idéal de la haute société d'après lequel la respectabilité d'une famille est mesurée par le comportement de ses femmes » (Fouron et Glick Schiller, 147).[7]

En tant que bourgeoise, « mulâtresse », femme et écrivain, Marie Chauvet se situait dans l'œil même du cyclone sociopolitique qu'était l'Haïti de Duvalier. Le danger inhérent à une telle identité devint évident pour Chauvet en 1968, l'année pendant laquelle, dans une période de six mois, elle a écrit *Amour, Colère et Folie*, sa dénonciation sans équivoque de la violence étatique totalitaire en Haïti et de son impact particulier sur les femmes et sur la féminité haïtiennes. Chauvet a présenté le manuscrit à Simone de Beauvoir, et l'appui de celle-ci a facilité l'acceptation du roman chez les prestigieuses Éditions Gallimard. Certes, les œuvres précédentes de Chauvet avaient gagné des prix régionaux et Chauvet jouissait déjà d'une certaine célébrité dans les cercles littéraires haïtiens, mais la publication de sa trilogie chez Gallimard lui aurait certainement garanti une renommée internationale immédiate et l'aurait placée définitivement dans des canons littéraires à la fois haïtiens et extra-insulaires. Mais à la fin, le succès de Chauvet a été contrecarré par la réalité politique de la fin des années 1960. Étant donné la répression et la violence dirigées contre l'élite de couleur pendant cette période, le mari de Chauvet a protesté que faire distribuer le livre mettrait toute la famille dans le pire danger. Ses appréhensions n'étaient point déraisonnables, il est vrai : un des neveux de Chauvet avait été arrêté et avait « disparu » en 1968 et deux autres avaient été assassinés.[8] Pierre Chauvet se sentait donc tout à fait justifié quand il implorait sa femme d'acheter le stock entier d'*Amour, Colère et Folie* dès sa

---

6. « the Duvalierist state focused on a "patriotic woman" whose allegiance was first to Duvalier's nation and state. Any woman or man who did not adhere to these policies became an enemy subject to political repression ».
7. « [w]hile Duvalier re-envisioned women as political agents, the nationalism he promoted did not challenge the upper-class ideal that the respectability of a family is judged by the behavior of its women ».
8. Voir le témoignage de Lilian Vieux Corvington, sœur ainée de Marie Chauvet dans le court documentaire *Marie Vieux Chauvet: The Person and the Writer*, Interview, Haitian Cultural Institute/Loujanjak, 2009, Vidéo, 19 minutes, http://ile-en-ile.org/marie-vieux-chauvet-temoignages/.

publication et d'interdire toute impression subséquente – ce que Chauvet a accepté de faire. Par la suite, la famille a détruit la plupart des copies qui restaient en circulation et, pendant des décennies, a refusé toute demande de réédition. Alors qu'un petit nombre de copies clandestines sont restées disponibles, l'œuvre n'a été officiellement réimprimée, et cela par une autre maison d'édition, qu'en 2005.[9] En conséquence de cette expérience démoralisante, et toujours craignant des représailles de l'État duvaliériste, Chauvet a divorcé d'avec son mari et s'est exilée à New York City où elle est morte en 1973.

L'exil de Marie Chauvet – à la fois de l'espace géographique haïtienne dans les dernières années de sa vie et, pendant une trentaine d'années depuis sa mort, de l'espace discursif du canon littéraire et intellectuel haïtien – peut être compris comme conséquence de sa conduite contraire aux bonnes mœurs de deux communautés haïtiennes, distinctes mais interdépendantes : la monstrueuse « famille » nationale duvaliériste et la bourgeoisie à laquelle appartenait la famille véritable de Chauvet. Pour Chauvet, écrire c'était donc créer tout en s'opposant à un gouvernement brutalisant et autoritaire et au modèle des élites de la féminité en Haïti. Car, que son mari l'ait contrainte à arrêter la publication et la distribution d'*Amour, Colère et Folie* était autant une fonction de la peur de la violence de Duvalier que du malaise profond que produisait ce livre de par son dénigrement de la bourgeoisie haïtienne. Il est évident que « la suppression de la trilogie exemplifie la marginalisation et la réduction au silence institutionnalisées auxquelles les femmes doivent faire face dans une tradition littéraire dominée par les hommes » (Kaussen, 50). Tout comme nous le confirme l'intellectuelle féministe Clarisse Zimra :

> *Si [Chauvet] n'avait pas été une femme qui osait écrire de nos désirs les plus profonds, c'est à dire, dans une manière « non-féminine », on se demanderait peut-être si ses relations auraient osé supprimer son dernier livre avec la même*

---

9. Voir la preface d'*Amour, Colère et Folie* de sa traductrice Rose-Myriam Réjouis. *Love, Anger, Madness: A Haitian Trilogy*, by Marie Chauvet (New York: Modern Library, 2009), xix–xx et Dayan, *Haiti, History, and the Gods*, 119–20, 302 n76. Voyez également la discussion soigneuse et fascinante de Thomas Spear « Marie Chauvet : The Fortress Still Stands » dans *Revisiting Marie Vieux Chauvet : Paradoxes of the Postcolonial Feminine*, eds. Kaiama L. Glover et Alessandra Benedicty-Kokken, *Yale French Studies*, No. 128, 2015, pp. 9-24.

*ferveur. Ils se sont comportés non seulement comme des proches parents scandalisés mais aussi comme des membres de la classe complaisante qu'elle attaque dans ses romans. On se demanderait peut-être aussi si ses contemporains, tel Pradel Pompilus, par exemple, l'auraient traitée aussi dédaigneuse-ment d'écrivain mineur.*[10] (Zimra, 77)

Le désordre qu'a produit Chauvet vis-à-vis de l'État duvaliériste et de l'élite nationale – le désordre qu'elle avait toute intention de produire – est particulièrement visible à travers les lettres que Chauvet a écrites à Simone de Beauvoir entre 1967 et 1973. Écrites pendant la période autour de la publication et de la suppression d'*Amour, Colère et Folie*, cette correspondance riche et intime consiste en elle-même en un projet littéraire extraordinaire. Les lettres transmettent la manière dont Chauvet voyait son rôle et ses responsabilités d'écrivain dans un contexte de terreur politique, et elles articulent les préoccupations et les limites qui marquaient son existence domestique en tant qu'épouse, mère et femme dans l'élite bourgeoise haïtienne. Au cœur de ce projet épistolaire se trouve une énonciation des paramètres éthique, politique et logistique de sa liberté personnelle.

> *Il faut que ce livre se vende, qu'il m'aide à vivre, à tenir !*
> – lettre de Marie Chauvet à Simone de Beauvoir (datée du 28 septembre 1968)

Il existe une critique féministe fondamentale dans les lettres de Chauvet à de Beauvoir. Cette critique repose sur une valorisation du soi-écrivain individuel et une condamnation des entraves politiques et domestiques à la libération de celui-ci. Les lettres révèlent la compréhension de Chauvet des manières dont

---

10. « Had [Chauvet] not been a woman who dared write out of our deepest desires, that is, in an "unladylike" manner, one might wonder whether Chauvet's relatives would have dared suppress her last book with such single-minded determination. They behaved not only as embarrassed blood-kin but, as well, as members of a complacent class under attack in her novels. One might also wonder whether her contemporaries would have dismissed her as a minor writer, as did Pradel Pompilus, for example ».

les domaines du privé et du public s'alignent pour produire les conditions de contrainte sous lesquelles la nation haïtienne et ceux qui la constituent ont été forcés de vivre. Il faut noter que, bien que Chauvet identifie Duvalier comme le monstre le plus évident et le plus catégorique en Haïti – l'incarnation du « régime dictatorial hideux » contre lequel elle s'efforce de « crier la vérité » (lettre datée du 16 avril 1967), elle identifie également d'autres adversaires personnels et politiques qu'elle s'évertue à combattre à travers ses écrits. La grande majorité de ses lettres cherche à faire comprendre à de Beauvoir que la publication d'*Amour, Colère et Folie* sera libératoire pour elle en tant qu'individu inhibé à la fois physiquement, socialement et professionnellement par son statut d'épouse.

> *Si vous saviez tout ce que j'attends de cette publication !* : la rupture avec une vie de routine et de résignation, la fuite en pays étranger, l'indépendance *par le travail*. Vous voyez qu'il ne s'agit pas seulement pour moi d'une simple question de vanité. Pour obtenir un visa de sortie, il nous faut d'abord l'autorisation maritale, puis, une autre officielle. (lettre datée du 23 décembre 1967, emphase rajoutée)

Dans cette lettre, une des premières, Chauvet parle explicitement de trois éléments de sa situation : d'abord, du fait qu'elle se sente suffoquée et contrainte par son existence en Haïti ; deuxièmement, qu'elle ait l'intention de briser ces contraintes par son écriture et troisièmement, que ces contraintes soient de nature à la fois domestique et politique – autrement dit, que les contrôles patriarcaux du mariage et de l'État fonctionnent en tandem pour limiter sa liberté. Chauvet continue sur ce thème dans sa lettre suivante, écrite peu de temps après, pour fournir à de Beauvoir un regard plus pointu sur ce à quoi le contrat conjugal ressemble en Haïti :

> *Je crains beaucoup de n'avoir pas assez d'argent disponible pour voyager jusqu'à Paris. Je comptais justement sur une avance de Gallimard pour le faire. Mon mari pourrait m'aider mais je ne le veux pas. Nous ne sommes pas en très bons termes et je vis à ses crochets depuis 20 ans. Mon orgueil se cabre à l'idée que je lui devrais aussi de voir publier ces*

> livres. Je ne veux pas être ingrate, car grâce (sic) à lui, j'ai eu
> la sécurité matérielle. Mais, j'attends avec impatience le
> moment de vivre par moi-même et de tirer mon indépendance
> de la seule chose que j'aime vraiment : écrire. (lettre datée du
> 5 janvier 1968, emphase rajoutée)

Pendant les quelques mois qui suivent, Chauvet continue à exprimer des sentiments similaires.[11] Puis, alors que la date de publication du manuscrit devient imminente, ses lettres à de Beauvoir changent un tant soit peu de teneur. Elle décrit en détail les risques – aussi bien pour elle que pour ses proches – que représente la publication de son livre, et elle s'en angoisse : « ''ils'' tueront tout ce que j'ai comme parents » (lettre datée du 6 juillet 1968). Pourtant, en même temps qu'elle dépeint la corruption et la violence de l'État haïtien, la peur qu'elle ressent face à cette machine gouvernementale sanguinaire, elle évoque également l'« autorité » plus locale à laquelle elle doit faire face :

> « Mon mari, un homme charmant, se transforme en mûrissant
> en une véritable machine à sous. Le duvaliérisme a ceci de
> déconcertant, qu'il transforme les meilleurs hommes en
> d'atroces maniaques. J'ai choisi quant à moi de publier mes
> livres. Inutile de vous avouer que mon mari est contre cette
> publication ». (lettre datée du 22 août 1968)

Écrivant de New York, où un de ses enfants réside et les deux autres résideront, endroit où elle vit en exil indéfini en anticipation de l'apparition de la trilogie, Chauvet s'attarde longuement sur sa profonde déception vis-à-vis des négociations avec Gallimard et rumine sur la façon dont ces circonstances matérielles ostensibles ainsi que son sexe l'ont mise en position de réel désavantage dans ses discussions avec la presse.

---

11. « Vous savez, vous, pourquoi il me faut réussir et à quel point j'ai besoin d'être un peu *indépendante* ». (lettre datée du 23 mars 1968, emphase rajoutée); « Écrire, c'est la seule chose que je puisse faire dans la vie et il faudrait à la longue que ce travail (car c'en est un) me rapporte assez pour me permettre de devenir *indépendante* ». (lettre datée du 9 avril 1968, emphase rajoutée).

> « L'aide que Gallimard m'a refusée m'a beaucoup humiliée.
> Je suis si peu femme d'affaires que je n'ai pas pu fixer moi-
> même un prix à la signature du contrat. Peut-être Claude
> Gallimard s'en est-il bien vite rendu compte. Peut-être ne m'a-
> t-il pas cru lorsque je lui ai écrit pour lui dire que j'étais
> acculée. Il m'a vue à Paris bien habillée avec un beau diamant
> aux doigts. Hélas ! Tout cela ne veut rien dire. Mon mari est
> un grand agent de voyage. Il tient à ce que sa femme lui fasse
> honneur et il l'habille en conséquence et la bague est celle de
> sa mère et il me l'a passée au doigt le jour de notre mariage.
> C'est tout. Il avait conclu un marché avec moi : ou je reste
> tranquillement chez moi après avoir renoncé à publier des
> livres capables d'indisposer le gouvernement haïtien contre lui
> et moi ou je me fixe en pays étranger sans son aide. *Il a mis
> des menaces à exécution devant ma décision* ». (lettre datée du
> 4 septembre 1968, emphase rajoutée)[12]

Important dans cette lettre est le glissement sémantique que Chauvet met en marche. Sa phrase « Il avait conclu un marché avec moi » fait le pont entre deux contextes – l'un au présent et l'autre du passé. À quel « marché » fait-elle référence ? Au marché conjugal par lequel elle s'est liée à un homme qui désormais s'imposerait comme son substitut politique ? Ou bien au « marché » que cet homme, son mari, lui avait proposé en échange de sa renonciation au contrat avec Gallimard ? : « Ne publie pas ce livre et je continuerai à te ''protéger'' (selon les prémisses de notre contrat conjugal) ; Publie-le et tu auras à te débrouiller toute seule financièrement et socialement ». Chauvet laisse le contexte délibérément ambigu. Délibérément ample. Elle met les deux événements sur un continuum qui la situe comme la moins puissante dans des contrats exploiteurs et coercitifs.

Les lettres nous disent que, seulement quelques mois plus tard, Chauvet avait été effectivement contrainte à intervenir auprès de Gallimard pour que la presse retire la trilogie de la circulation. On apprend que son mari était allé à Paris avec l'intention de parler à Gallimard et à de Beauvoir elle-même, des

---

12. D'ailleurs, un bon nombre des lettres exprime la frustration de Chauvet en ce qui concerne son traitement exécrable et peu généreux par son éditeur et demande explicitement à de Beauvoir d'intervenir en sa faveur.

démarches que Chauvet trouvait « humiliantes ». Il n'y aurait donc pas de réédition. Tout exemplaire du livre qui n'avait pas été vendu, son mari l'a lui-même acheté et détruit. Gallimard l'abandonne, frustré sans doute par l'inconvenance de son « drame » et la vente donc décevante du livre. Entièrement désillusionnée, mais non pas encore tout à fait résignée, Chauvet est implacable dans son indignation :

> « *Si j'ai pris des biais pour crier la vérité, au moins avais-je l'espoir de réveiller la conscience de mes compatriotes en leur faisant toucher du doigt leur lâcheté et leur concupiscence. Quatre millions de terrorisés, quatre millions de malpropres, voilà ce que nous sommes devenus. Toutes nos valeurs ont été détruits (sic) par 11 ans de tyrannie. J'ai vécu assez pour voir se transformer l'honnête homme qu'était mon mari. Vive l'argent ! Tuons-nous mais gagnons le plus possible ! Telle est à présent la devise. Il a travaillé très dur, c'est vrai; il n'a pas volé, pas tué, pas pactisé avec le gouvernement d'une manière officielle mais il est aussi coupable de vanter les charmes du pays, de jurer que tout marche comme sur des roulettes alors que tant de gens ont été assassinés, battus, torturés, emprisonnés. Un fossé me sépare à présent et je pense sérieusement au divorce* ». (lettre datée du 16 janvier 1968)

Ce sont, bien évidemment, beaucoup plus que les mots d'une femme qui se plaint de l'échec de son couple. Ici, comme à travers tout le corpus de ses lettres à de Beauvoir, Chauvet se présente en théoricienne sociale dotée d'une conscience aiguë de la complicité entre l'État duvaliériste et les membres de l'élite nationale, ceux qui « continuent à se boucher les yeux, la bouche et les oreilles pour vivre en paix dans la terreur » (lettre datée du 16 novembre 1968). Pendant les deux premières années de sa correspondance avec la féministe française de Beauvoir, il devient de plus en plus évident que l'autre figure monstrueuse qui détermine les limites de son être en société est son mari – son mari en tant que doublure pour tout le contexte social et politique de sa subordination – le « bain de résignation et d'humiliations » (lettre datée du 29 novembre 1968) dans lequel elle avait l'impression de se noyer. Si, après la publication avortée de la trilogie, elle se déclare résolue dans sa détermination de « dénoncer tout ce qui s'y passe depuis 11 ans » (lettre datée du 16 novembre 1968), intégrale à ce projet est son accusation du comportement de toute sa classe sociale. Cette critique radicale est, nous le savons, aux fondements de l'ensemble de son œuvre romanesque.

Kaiama L. GLOVER, Ph.D.

# Bibliographie

CHARLES, Carolle, « Gender and Politics in Contemporary Haiti : the Duvalierist state, transnationalism, and the emergence of a new feminism (1980-1990) », *Feminist Studies*, Vol. 21 No. 1, spring 1995, pp. 1-30.

FOURON, Georges Eugene et Nina Glick Schiller, *Georges Woke Up Laughing: Long Distance Nationalism and the Search for Home*, Durham, NC, Duke University Press, 2001.

JOSEPH, Régine Isabelle, « The Letters of Marie Chauvet and Simone de Beauvoir : A Critical Introduction », *Revisiting Marie Vieux Chauvet : Paradoxes of the Postcolonial Feminine*, eds. Kaiama L. Glover et Alessandra Benedicty-Kokken, *Yale French Studies*, No. 128, 2015, pp. 25-39.

KAUSSEN, Valerie, *Migrant Revolutions: Haitian Literature, Globalization, and US Imperialism*, New York, Lexington Books, 2008.

SPEAR, Thomas, « Marie Chauvet : The Fortress Still Stands », *Revisiting Marie Vieux Chauvet : Paradoxes of the Postcolonial Feminine*, eds. Kaiama L. Glover et Alessandra Benedicty-Kokken, *Yale French Studies*, No. 128, 2015, pp. 9-24.

TROUILLOT, Michel-Rolph, *Haiti State Against Nation : The Origins and Legacy of Duvalier* [1990], New York, Monthly Review Press, 2000.

VIEUX-CHAUVET, Marie, *Amour Colère et Folie*, [1968], Paris, Zulma, 2015.

---, *Love, Anger, Madness: A Haitian Trilogy*, Trad. Rose-Myriam Réjouis, New York: Modern Library, 2009.

VIEUX CORVINGTON, Lilian, *Marie Vieux Chauvet: The Person and the Writer*, Interview, Haitian Cultural Institute/Loujanjak, 2009, Vidéo, 19 minutes, http://ile-en-ile.org/marie-vieux-chauvet-temoignages/

WALCOTT-HACKSHAW, Elizabeth, "My Love Is Like a Rose: Terror, Territoire, and the Poetics of Marie Chauvet, *Small Axe*, Vol. 18 No. 9.2, Septembre 2005, pp. 40-51.

ZIMRA, Clarisse, « Haitian Literature After Duvalier : An Interview With Yanick Lahens », *Callaloo*, Vol. 16 No. 1, winter 1993, pp. 77-93.

**Pour citer cet article :**

Kaiama L. GLOVER, « Marie Chauvet : théoricienne sociale », *Revue Legs et Littérature*, 2016 | no. 8, pp. 17-30.

# Claire, entre conformisme et révolte : une lecture d'*Amour* de Marie Vieux-Chauvet

*Chargé de cours à l'Université d'État d'Haïti, rattaché à l'École Normale Supérieure au Département de Lettres Modernes, Ulysse MENTOR est détenteur d'un Master I en Didactique du Français et Communication et d'un Master II en Philosophie. Il rédige actuellement sa thèse de doctorat en Littératures française et francophones sur : « Écriture de la violence et violence de l'écriture dans le roman haïtien de 1915 à 2004 » à l'Université Paris 8 où il est rattaché au Laboratoire « Littérature, Histoire, Esthétique » (EA 7322).*

## Résumé

*Quiconque s'intéresse aux romans haïtiens publiés sous la dictature des Duvalier ne peut ne pas remonter à Marie Vieux-Chauvet tant par la vie de l'auteure que par la mise en écriture du caractère des personnages de ses romans. Le personnage qui nous intéresse dans le cadre de cet article est Claire, héroïne d'Amour, premier récit de la Trilogie* Amour, Colère *et* Folie. *Le premier terme qui pourrait être utilisé pour qualifier ce personnage est celui de « révolté ». En effet, Claire se révolte contre un ensemble de conventions et usages de son milieu bourgeois; pourtant force est de constater que ce personnage affiche une sorte de conformisme et vit dans un mutisme dès qu'il s'agit pour lui de verbaliser sa révolte. Tout au long du récit, elle fait preuve de retenue jusqu'au moment où elle pose un acte de bravoure : le meurtre de Calédu, le chef de police. On se trouve donc face à un personnage qui fait preuve d'une ambivalence de caractère : conformisme et révolte. Notre travail sera d'interroger cette ambivalence du caractère de Claire tout en tachant d'en élucider la cause.*

## Mots clés

Marie Vieux-Chauvet, conformisme, violence, révolte, dictature.

# CLAIRE, ENTRE CONFORMISME ET RÉVOLTE : UNE LECTURE D'*AMOUR* DE MARIE VIEUX-CHAUVET

*Amour*, récit narré à la première personne, relate les aventures de son héroïne Claire, âgée de 40 ans, l'ainée d'une famille bourgeoise haïtienne. Son teint noir est différent de celui de ses deux sœurs mulâtresses. À la mort de ses parents, Claire prend soin de ses deux sœurs : Félicia et Annette. La seule lucide des trois, selon ses dires, animée de sentiments divers et parfois contradictoires : amour fou pour son beau-frère, haine, jalousie, désir de vengeance, Claire organise le récit. Elle assiste impuissante à la déchéance, au déboisement, à la misère et aussi à la violence qui sévissent dans sa localité jusqu'au soir où, se résolvant au suicide devant son incapacité à donner la mort à sa sœur Félicia « les cris d'une foule en émeute » l'arrachent à son délire et l'amènent à poignarder mortellement Calédu.

**L'intrigue, les personnages, le détail**
***Amour*, Un roman traditionnel**

L'intrigue d'*Amour* est simple et linéaire. La narratrice, Claire, raconte ses propres aventures et, pour reprendre ses propos, non seulement elle « assiste au drame scène après scène, effacée comme une ombre »[1], elle met en scène le drame, manœuvre adroitement les personnages et les pousse à agir sans avoir l'air d'intervenir. Pour reprendre une terminologie génétienne, il s'agit d'une narratrice autodiégétique. Elle raconte les faits de manière chronologique, parfois replonge dans ses souvenirs pour mieux faire comprendre un aspect de son présent ou pour faire contraster le présent de l'histoire avec son passé. En ce sens, le récit s'apparente sans nul doute à un journal intime. L'aspect du journal intime de ce récit se rend plus à l'évidence si l'on considère le projet de Claire de parler d'elle-même dans son journal, son seul espace de liberté.

Les procédés de la progression du récit reprennent ceux des romans traditionnels. Nous en retenons quatre principaux. Les dialogues constituent les « scènes » où la narratrice ralentit l'histoire et laisse intervenir les personnages. Dans certains cas, elle observe des « pauses » pour faire signifier un détail en particulier ou pour attirer l'attention sur un personnage du récit ; elles précèdent dans bien des cas les « retours en arrière ». Ceux-ci revêtent une importance particulière dans la mesure où ils replongent le lecteur dans le passé de la narratrice et le fait découvrir les causes de sa vie secrète. Les « sommaires » accélèrent le récit comme c'est le cas pour le mariage d'Annette ou la mort de la mère de la narratrice.

**Les personnages**

Lorsque parut *Amour, Colère et Folie*, le Nouveau Roman battait son plein avec son arsenal théorique qui mettait d'abord en accusation la notion de personnage. Nathalie Sarraute, entre autres, en a fait le procès dans son ouvrage *L'ère du soupçon* :

> *Et selon toute apparence, non seulement le romancier ne croit plus guère à ses personnages, mais le lecteur, de son coté, n'arrive pas à y croire. Aussi voit-on le personnage de roman, privé de ce double soutien, la foi en lui du romancier et du lecteur, qui le faisait tenir debout, solidement d'aplomb,*

---

1. Marie, Vieux-Chauvet, *Amour, Colère et Folie*, Paris, Zulma, 2015, p. 11.

*portant sur ses larges épaules tout le poids de l'histoire, vaciller et se défaire*[2].

La première partie de la trilogie de Marie Vieux-Chauvet se construit autour d'un personnage central, Claire. Écrit à la première personne, le « je » d'*Amour* n'est pas comme l'indique Sarraute un « je anonyme »[3] qui serait à la fois tout et rien. Il s'agit bien d'un « je » renvoyant à un personnage de premier plan que le lecteur identifie et voit évoluer tout au long du récit.

La notion de « détail » renforce l'aspect traditionnel d'*Amour*. Le roman traditionnel tient sa force dans sa capacité à évoquer le détail, à faire apparaître les contours des objets, de la vie et l'épaisseur des sentiments. Selon Roland Barthes[4] dans son article « L'effet de réel », le détail connote l'objet décrit et le fait signifier. De son côté, Nathalie Piégay-Gros affirme, dans *Le roman*, que « Le détail romanesque est ce sur quoi on rêve, un emblème de la puissance fantasmagorique qu'il y a en tout romancier, le fétiche que tout lecteur conserve dans sa mémoire une fois le roman achevé. »[5] Quel lecteur d'*Amour* ne garde pas en mémoire la tendresse maternelle et affective que voue Claire à sa poupée ou la démarche de Doria Soubiran après que celle-ci ait été matraquée par Calédu ?

La manière de caractériser l'Américain face au Français est très représentative de cette signifiance du détail. Cette caractérisation témoigne de toute l'antipathie de la localité pour l'Américain : « Jean Luze, le mari de Félicia, un beau Français échoué par quel miracle sur nos rives hospitalières, est l'employé de M. Long, le directeur d'une firme américaine installée chez nous depuis dix ans[6]. » Si Jean Luze est décrit de manière affective, M. Long l'est uniquement par sa fonction. Aux yeux de Félicia, Jean Luze n'a que des qualités : « Le beau Jean Luze ! L'intelligent Jean Luze ! Jean Luze l'étranger auréolé de mystère, d'exotisme qui a installé chez nous sa bibliothèque, sa discothèque…[7] » Jean Luze quant à lui qualifie d'« écœurant » la demande que lui a faite son employeur M. Long de « frauder la comptabilité pour

---

3. Ibid. p. 61.
4. Roland, Barthes, « L'effet de réel », *Œuvres complètes*, Vol. 2, Paris, Seuil, 2002.
5. Nathalie, Piégay-Gros, *Le roman*, Paris, GF Flammarion, 2005.
6. Marie, Vieux-Chauvet, *Amour, Colère et Folie*, p. 13.
7. Ibid., p. 14.
8. Ibid., p. 108.

prouver qu'il a payé plus cher le bois aux paysans[8]. » Cette injonction de M. Long à Calédu de matraquer les paysans traduit sa méchanceté vis-à-vis de ces derniers : « Matraquez-les, dit M. Long. Voulez-vous que notre affaire échoue ?[9] » Il s'agit, dans ce dernier cas, d'une des différentes manières de caractériser un personnage qui consiste à le faire agir afin que, de son action, le lecteur puisse déduire ses traits de caractère.

Les passages descriptifs qui consistent soit en de simples qualificatifs, soit en un syntagme, soit en une ou plusieurs phrases remplissent le même rôle que les portraits. Ils font signifier un aspect particulier du récit. C'est le cas avec ce passage descriptif propre à la rêverie :

> *L'aube, le ciel et la mer immuables malgré les cataclysmes offrent à mes regards la splendeur de leurs couleurs. Indifférents à nos malheurs, le ciel en fête, s'est habillé des tendres couleurs de l'aurore, et la mer au loin, calme, sereine, s'étend comme une nappe d'huile argentée de bleu*[10].

Ce passage qui dépeint un paysage calme replace la narratrice dans ses souvenirs et donc dans le passé. Lui reviennent la gaieté des rues, le hennissement des chevaux, le piano qui valse sous ses doigts : des souvenirs de son enfance.

La dernière phrase de la citation précédente correspondant à un « retour en arrière » pourrait être considérée comme un camouflage tenant lieu de comparaison entre le passé et le présent de la narratrice. « Les rues sont gaies » de l'enfance contraste avec « les rues funèbres » qu'observe l'adulte. Ce sur quoi opine Jean Luze : « Quelque chose a dû transformer cette ville en un paradis infernal[11]. » Ce contraste est davantage mis en évidence dans cette réplique de Jacques Mati : « La famine est sur nous, [...] nous arpenterons les rues à grands pas déséquilibrés, nous marcherons sur les genoux et nous mangerons les roches des chemins. Satan règne sur la ville et la face de Dieu s'est détournée de nous...[12] » ; ou encore tous les détails qui accompagnent la description que fait la narratrice de sa localité après le passage du cyclone.

---

9. Ibid., p. 43.
10. Ibid., p. 55.
11. Ibid., p. 44.
12. Ibid., p. 57.

**Conformisme du personnage**

Notre hypothèse pour cet article se formule de la manière suivante : Claire, héroïne d'*Amour*, est un personnage qui a une ambivalence de caractère dans la mesure où, sous une apparence de personnage conformiste, elle est en réalité une révoltée.

**L'héritage de Claire**

À la mort de ses parents, Claire fait face à l'obligation de préserver le patrimoine familial qui est à la fois matériel et spirituel. Le coté spirituel du patrimoine renvoie au service des loas qu'elle refuse d'assumer. Très nette à ce sujet, elle déclare à son père : « Je n'ai qu'une religion papa [...], et je ne servirai pas les loas[13]. » Elle obtient, pour résister à son père, le soutien du Père Paul « Résistez, mon enfant, [...]. Résistez de toutes vos forces. La désobéissance dans ce cas vous est permise[14]. »

Elle assure pourtant l'héritage matériel : « À moi, comme toujours, ont été confiés les plus fastidieux travaux [...] Et ils me laissent les rênes de la maison et le contrôle de la caisse. Je suis à la fois domestique et maîtresse ; une sorte de gouvernante sur les épaules de qui repose le train-train journalier de leur vie[15]. » La campagne électorale de son père a fait perdre à la famille la plus grande part des plantations de café. Claire se trouve à la tête d'une famille bourgeoise sans en avoir vraiment les moyens : « Je m'étais donc trouvée ainsi, du jour au lendemain, à la tête d'une famille et d'une vingtaine de carreaux de terre sauvés par miracle des ambitions onéreuses de mon père[16]. » Sa mère, avant de mourir, lui a confié Annette qu'elle venait de mettre au monde en lui disant : « Élève-la, ma fille comme ton père t'a élevée et garde tes sœurs sous ton aile pour les protéger du péché[17]. » Vivant dans une société marquée par des préjugés de classe et de couleur, avec un tel héritage, Claire choisit de faire preuve d'hypocrisie et de céder à quelques compromis.

---

13. Ibid., p. 136.
14. Ibid., p. 138.
15. Ibid., p. 13.
16. Ibid., p. 157.
17. Ibid., p. 156.

Pourtant, et c'est là tout le contraste du personnage, malgré ses responsabilités, elle reste derrière la scène. « Je n'aime pas être en vedette[18]. », affirme-t-elle, parlant de son anniversaire. D'ailleurs, par la couleur de sa peau, elle est plus proche d'Augustine, la servante que de ses autres sœurs. En cela, je rejoins Nadève Ménard[19] pour qui, Claire dont le teint noir détonne avec l'ensemble de la famille y est un élément de désordre. Les rares fois où elle entre (se met) en scène, elle l'est le plus souvent dans la posture de celle qui est surtout là pour servir, pour rendre service. Elle aide Camuse à faire le reposoir pour la procession de la Sainte Vierge. Elle aide Dora Soubiran à se lever après sa chute en pleine rue et la ramène chez elle. Madame Trudor en la voyant arriver affirme : « Je vais avoir enfin une aide intelligente [...]. Ces domestiques sont des bêtises[20]. » Jean Luze, son beau-frère, ne la prend-elle pas en pitié en lui disant qu'en prenant l'habitude de trop se sacrifier, on abuse d'elle ? Presque sans se faire apercevoir, elle sert le rhum à Jean Luze et Joël qui discutaient dans le salon. C'est elle qui s'occupe de Jean Claude son neveu durant la deuxième grossesse de Félicia. Mises à part ses entrées en scène dans un rôle secondaire, elle vit en retrait, en observatrice.

Ce rôle, apparemment secondaire de Claire, est pourtant très calculé parce qu'au lieu de se mouvoir de par eux-mêmes, c'est elle qui fait agir les personnages occupant le premier plan dans le récit dans le but de réaliser ses projets d'amour et de vengeance. Dès l'incipit du roman, elle le reconnait: « C'est mon silence ma vengeance. Je sais dans quel bras va se jeter Annette et je n'ouvrirai aucunement les yeux à Félicia[21]. » De façon plus nette, plus loin dans le récit, elle affirme : « Je fais le guet. Je suis dans les coulisses et ils me croient inexistante. C'est moi le metteur en scène du drame[22]. » ou encore : « Je t'ai poussée exprès dans les bras de Jean Luze rien que pour mesurer ma puissance[23] » La vraie vie de Claire est celle qu'elle vit repliée

---

18. Ibid., p. 27.
19. Nadève, Ménard, « « Et la ville entière debout » : ordre et désordre dans Amour de Marie Chauvet » dans *Relire l'histoire littéraire et le littéraire haïtiens*, Port-au-Prince, Presses Nationales d'Haïti, Coll. « Pensée critique », 2007, pp. 203-216.
20. Marie, Vieux-Chauvet, *Amour, Colère et Folie*, p. 172.
21. Ibid., p. 11.
22. Ibid., p. 15.
23. Ibid., p. 199.

dans ses pensées, illusions et fantasmes et non celle qu'elle vit à la vue des autres personnages du récit, ce qui amène à analyser sa communication sous deux niveaux.

**Deux niveaux de communication de Claire**

Le discours de Claire s'articule à deux niveaux : l'un, témoignant de son conformisme avec sa classe sociale, s'adresse aux autres personnages du récit ; l'autre discours instaure une complicité entre le lecteur et la narratrice. Dans ce deuxième niveau, Claire est totalement libérée sur des sujets touchant aussi bien la sexualité que la politique en passant par la religion. « J'ai l'impression de sentir le rance avec ce sexe vierge et affamé serré entre mes cuisses[24]. » affirme-t-elle, ou plutôt pense-t-elle. *Amour* regorge de passages où le discours de Claire n'est pas entendu de celui à qui il s'adresse :

> *Pleure avec moi. Ça ne durera pas longtemps, tu verras. Aie confiance en tes charmes. Tu as tout pour le séduire. Sa carapace n'est qu'une apparence. Tu en es la preuve. Il faut persévérer. Tu es expérimentée. À quinze ans, maîtresse de tes sens, tu folâtrais déjà à la recherche d'un male. J'ai été la première à récolter ce que j'avais semé. Je vais vous torturer, vous torturer tous les deux jusqu'à vous entendre crier grâce.*[25]

Seul le lecteur entend ce discours qui pourtant est adressé à Annette.

Dans certains cas, ce qu'elle affirme n'est pas totalement ce qu'elle pense comme c'est le cas au confessionnal : « Le père Paul me confesse. Pour ne pas détruire le mythe de la vielle fille pure et sans tache, je ne lui avoue que les péchés véniels ; je garde pour moi ce que l'on qualifie de mortels. C'est une affaire entre Dieu et moi[26]. » Dans d'autres cas, ce qu'elle affirme est en opposition à ce qu'elle pense comme en témoigne sa discussion avec Frantz Camuse :

---

24. Ibid., p. 59.
25. Ibid., pp. 59-60.
26. Ibid., p. 47.

> *Je ne sais pas. Mais quelque chose en vous sonne faux. Alors, conclus-je triomphalement, c'est en mal. Et je pinçai la bouche durement. Imbécile, je ne suis plus la petite bégueule que tu as connue, prends-moi donc dans tes bras.*[27]

Claire se conforme à une catégorie de sa localité, les gens de sa classe. Ceux-là qui sont les plus directement visés par la violence de Calédu. Elle partage leur peur et leur mutisme: « Tout se fait en catimini. Nous nous cachons même pour parler[28]. » Face à la cruauté de Calédu, les victimes ne peuvent compter sur l'aide de personne dans cette localité où une bonne partie de la population est retranchée dans la peur: « Quelqu'un appelle à l'aide dans le noir. Je cours à la fenêtre. J'entends cliqueter des armes et crier une femme. Je m'imagine mes voisins les oreilles dressées, écoutant, comme moi, en tremblant, et la femme menottée, conduite par Calédu[29]. »

L'exécution sommaire de Jacques Mati révèle le niveau de peur qui habite cette ville. Tout se passe comme s'il y avait au sein de cette population deux camps : celui de Calédu et celui de ceux qui ont peur et qui vivent dans une profonde résignation:

> *Jacques est mort. On l'a enterré aujourd'hui. Quelques poètes sont sortis de leur tanière et, en silence, la tête baissée, ils ont porté son cercueil jusqu'au cimetière. Sur le parcours, des gendarmes et des mendiants s'étaient postés. Violette, des fleurs dans les bras, a suivi le cortège. Pour ce qu'il s'agit des autres dont je fais partie, ils sont restés derrière leurs portes verrouillées, tranquillement assis chez eux*[30].

En cela, Claire n'est pas la seule à se réfugier dans son mutisme évitant de se livrer aux autres. Le docteur Audier lui aussi affiche son refus de parler : « Mon cher jeune homme, j'ai assez d'expérience pour savoir me taire et ne livrer le fond de ma pensée qu'à moi-même[31]. » Cet aspect du caractère de

---

27. Ibid., p. 164.
28. Ibid., p. 56.
29. Ibid., p. 121.
30. Ibid., p. 65.
31. Ibid., p. 65.

Claire à ne pas se dévoiler, Jean Luze a la perspicacité de le signaler en disant à son fils qu'« Elle ne répond jamais quand on l'interroge, ta marraine, [...] C'est une tactique pour décourager les curieux[32]. »

Les opinions et protestations ouvertes viennent de ceux qui se trouvent au bas de l'échelle sociale ou de l'étranger. Soit de Jacques le fou, abattu d'une balle par Calédu ; soit de ce paysan qui, sous la matraque de Calédu, appelle ses pairs à résister : « Ne cédez pas ! hurlait-il, tenez bon, et si je meurs n'oubliez pas qu'il vous faut à jamais rester solidaires[33]. »; soit d'Augustine la servante : « C'est la mort ici sans Mademoiselle Annette, lâche tout à coup Augustine[34]. » ; soit de Jean Luze, l'étranger : « Il vous faut protester, répondre à ceci par une manifestation, faire ensemble front au danger. Ils n'oseront jamais détruire une ville entière. Ces assassinats, ces supplices ne servent qu'à vous terroriser. Qu'un seul de vous se charge de soulever la ville et la peur changera de camp[35]. »

Ce retranchement de Claire dans son for intérieur parait lui venir de son enfance, de l'éducation qu'elle a reçue et des luttes qu'elle a menées pour tenir tête à son père et ne pas accepter l'héritage des loas. Ses lectures n'étant réduites qu'à l'histoire ancienne et *Les fables* de La Fontaine. Pour s'assurer qu'elles ne sont autres que celles prescrites, sa mère s'occupe elle-même du ménage de sa chambre : « En grandissant, j'avais organisé ma vie. Une vie secrète et bien remplie à laquelle personne n'avait accès [...] [36]. »

Il faut donc pour comprendre le mutisme de Claire questionner deux formes de violence dont elle est victime. La première est la violence domestique. Celle qu'elle a subie notamment de son père : « Chaque jour, à cause des pâtés que je faisais sur ma page d'écriture, j'étais punie. La punition consistait à rester à genoux, à quelques pas de mon père, les bras croisés et la tête droite. Tremblotante de fatigue j'attendais, les yeux fermés, le « lève-toi » qui devrait arrêter le supplice[37]. » Son père en voulant lui donner une bonne éducation est

---

32. Ibid., p. 195.
33. Ibid., p. 107.
34. Ibid., p. 120.
35. Ibid., p. 164.
36. Ibid., p. 138.

devenu son premier bourreau : « Chaque question était appuyée d'un terrible coup de ceinture. Dès le troisième, je m'étais mis à hurler aussi fort qu'Agnès ; au vingtième je m'évanouis[38]. » N'ayant pas de fils, il a voulu l'éduquer pour reprendre ses dires comme un homme : « je l'ai élevée comme un homme, [...] elle est en âge à présent de tenir mes engagements[39]. », ce que Claire reconnait elle-même en affirmant : « Pour m'endurcir et me faire payer sans doute ses espérances paternelles déçues, il décida brusquement de m'élever comme un garçon[40]. »

Dans un long « retour en arrière » qui se s'étend de la page 122 à 167, Claire invite le lecteur à faire une remontée dans son enfance afin de mieux comprendre les violences qu'elle a subies de la part de son père et les résolutions qu'elle a dû prendre: « J'avais découvert pour me protéger de l'indiscrétion, l'importance de l'hypocrisie. Devant mes parents, je jouais à la jeune fille parfaite ; dès qu'ils avaient le dos tourné une révolution s'opérait en moi[41]. » Ce trait de caractère, Claire adulte, narratrice d'*Amour* le garde toujours, camouflant sa révolte sous son conformisme.

L'autre forme de violence dont elle n'est pas directement la victime mais qu'elle voit à l'œuvre tous les jours dans sa localité est la violence politique. La composante de celle-ci qui est ici manifestée est la violence d'état. Philippe Braud dans son ouvrage *Violences politiques*, reprend la définition proposée par Herbert Nieburg qui, partant d'une analyse positiviste, privilégie la dimension matérielle ou physique de la violence. Ce dernier la définit comme :

> *des actes de désorganisation, destruction, blessures dont l'objet, le choix des cibles ou des victimes, les circonstances, l'exécution et/ou les effets acquièrent une signification politique, c'est-à-dire tendent à modifier le comportement d'autrui dans une situation de marchandage qui a des*

---

37. Ibid., p. 123.
38. Ibid., p. 129.
39. Ibid., p. 136.
40. Ibid., p. 122.
41. Ibid., p. 139.

*conséquences sur le système social.*⁴²

Un certain nombre d'extraits cités jusque-là ont pu rendre à l'évidence que les actes de violence exécutés par Calédu dans cette localité concordent avec la définition proposée par Nieburg.

Le nom du personnage Calédu évoque d'ailleurs une rare violence que le créole haïtien aide à comprendre. En créole haïtien le verbe « kale » peut tout à la fois signifier fouetter quelqu'un, lui donner une bonne raclée ou exercer sur lui une violence physique quelconque. Si on y ajoute le français « dur » qui se rend en créole par « di », cela traduit l'intensité de la violence, l'ampleur de cette raclée ou de cette bastonnade. En ce sens Calédu c'est celui qui « kale di » c'est-à-dire qui matraque durement les gens. Autrement dit, il exerce sur les autres une violence atroce. Cela se trouve d'autant plus confirmé par le rôle que joue ce personnage dans le roman. Ce n'est donc pas sans raison que Claire le qualifie de « Bourreau mondain ».

À ces deux formes de violence peut s'ajouter une violence langagière résultant des préjugés liés à la question de couleur. Cette violence langagière n'est pas aussi évidente que les deux précédentes. Pourtant ses effets ont forgé, eux aussi, le caractère de Claire. Elle s'exprime au sein de la famille par la voix de Félicia qui interroge sa mère sur le teint de Claire :

> *Félicia prit innocemment ma main.*
> *– Pourquoi Claire est noire, maman ? dit-elle.*
> *– Mais elle n'est pas noire, répondit ma mère, baissant les yeux.*
> *– Pourquoi elle est noire ?*
> *Je retirai avec brusquerie ma main de la sienne.*
> *– Le soleil l'a un peu brulée, fit ma mère, c'est une jolie brune.*
> *– Non, elle est noire et nous sommes blancs.*
> *– Assez Félicia hurla mon père*⁴³.

Elle s'exprime aussi par la voix de ce domestique : « Noire, tu es noire comme moi... et je te prendrai pour femme lorsque je serai grand⁴⁴ », ou encore par la

---

42. Herbert, Nieburg, *Political violence. The Behavioral Process*, New York, Saint Martin's Press, 1969, p.13, cité dans Philippe Braud, *Violences Politiques*, Paris, Seuil, 2004, p. 14.
43. Op. cit., p. 140.

voix de ce paysan affirmant : « C'est une bien belle négresse que vous avez là, Agronome[45]. » Les préjugés liés à la question de couleur créent chez Claire un sentiment de frustration qu'elle n'a pas su dépasser. Celle qui commence à souffrir dès son plus jeune âge par la couleur foncée de sa peau s'interroge : « Vais-je toute ma vie me contenter des jeux de l'imagination pour m'assouvir ?[46]... » Ils marquent si profondément sa vie qu'elle pense qu'avec ce teint, aucun homme de sa classe sociale ne voudra d'elle : « jamais il ne m'aimera, jamais[47] », répéta-t-elle au sujet de Frantz Camuse pour ensuite ordonner à ce dernier de ne jamais lui écrire. Claire porte-t-elle bien son nom ? Autrement dit, son nom ne contraste-t-il pas avec son teint ?

**La révolte : Une thématique révolutionnaire pour son époque**

*Amour* est un roman qui dénonce, sans le nommer directement, la dictature des Duvalier. Le mot dictature n'y est d'ailleurs mentionné qu'une seule fois. Johann Chapoutot, dans son entrée consacrée à la Dictature dans le *Dictionnaire de la violence*[48] définit celle-ci à la fois comme étant consubstantielle de la violence mais aussi comme un régime qui bafoue le libéralisme politique. Ce qu'elle réprime d'abord c'est la diversité des opinions pour que ne fasse loi que le discours du dictateur : « La dictature met fin à la polyphonie des opinions, à la plurivocité des débats, pour instaurer le monologue du dictateur[49]. » Or, dans *Amour*, il est question de la transformation d'une localité divisée en classe, marquée par la question des préjugés de couleur, à une ville debout : « Les portes des maisons sont ouvertes et la ville entière debout[50]. » L'acte ultime de cette révolte, c'est le meurtre de Calédu, chef de police, instrument de la violence étatique.

Derrière l'aspect traditionnel de ce roman se joue une thématique révolutionnaire. À la différence de *Le sexe mythique* de Nadine Magloire[51], *Amour* n'est pas seulement un récit osé[52] qui lève le tabou sur la sexualité mais aussi un roman qui non seulement fait le procès d'un mode de vie, mais

---
44. Ibid., p. 130.
45. Ibid., p. 132.
46. Ibid., p. 120.
47. Ibid., p. 140.
48. Michela, Manzarno, (dir.), *Dictionnaire de la violence*, Paris, PUF, 2011.
49. Ibid. p. 367.
50. Ibid., p. 216.

aussi renverse un ensemble de préjugés et un ordre politique fondé sur la violence. Il y a dans *Amour* une sorte de camouflage de l'aspect révolutionnaire qui se fait aussi bien dans l'ordre du récit qu'au niveau du caractère du personnage principal. D'ailleurs Claire est symptomatique de cette complexité entre conformisme et révolte.

**Claire, la révoltée**

La révolte de Claire est d'abord d'ordre amoureux. L'intrigue amoureuse traverse d'ailleurs tout le récit reléguant au second plan l'aspect politique. Claire se révolte de ce qu'Annette renonce à conquérir Jean Luze : « Si Annette se résigne en bonne joueuse à y mettre un point final, je me révolte, moi[53]. » Dès lors, elle se libère de l'opinion que l'on peut avoir d'elle: « Poussez de gros cris si jamais ce manuscrit vous tombe sous les yeux ; traitez moi d'impudique, d'immorale. Assaisonnez-moi d'épithètes injurieuses si cela peut vous soulager, mais vous ne m'intimiderez plus[54]. »

La plus grande part de la révolte de Claire est intérieure. Elle n'est pas de ceux-là qui expriment clairement leurs opinions et leurs prises de position. Sa révolte se manifeste plus dans ses réflexions que dans le discours qu'elle adresse aux autres personnages du récit. Cette stratégie fonctionne si bien que ceux qui vivent autour d'elle ne s'en aperçoivent même pas : « Je ne vois autour de moi ni révolte, ni semblant de révolte, rien qui puisse prouver votre mécontentement[55]. » affirme Jean Luze.

Quand elle extériorise sa révolte, elle ne le fait pas d'abord par la parole mais plutôt par son attitude. C'est le cas par exemple du mépris affiché à Calédu : « Dans la rue, je croise Calédu. Il me salue mais je passe la tête droite, hautaine, méprisante, feignant même de ne pas le voir[56] » ; ou par une bribe de réponse lancée à Calédu lorsque celui-ci lui demande de lui accorder une

---

51. Nadine, Magloire, *Le sexe mythique*, Port-au-Prince, LEGS ÉDITION, 2014.
52. Annie, le protagoniste de *Le sexe mythique* est un personnage qui ose dire son corps de femme et ne fait vivre que sa liberté. À ce sujet, voir l'introduction que propose LEGS ÉDITION pour ce texte.
53. Marie, Vieux-Chauvet, *Amour, Colère et Folie*, p. 40.
54. Idem.
55. Ibid., p. 82.

danse lors du bal d'anniversaire d'Annette : « Merci, je n'aime pas danser, lui répondis-je froidement[57]. » Se défaire de la main de Calédu a été dans cette soirée une attitude frondeuse et révoltée.

Intérieure, la révolte se fait sous la forme d'une introspection :

> *Rien ne me fera baisser la tête, moi. Je ne plierai jamais. Même s'il me matraquait, même s'il me suppliciait comme Dora, je garderai la tête haute. Je serai la seule à ne pas me rendre. Je refuse de pactiser, d'entrer dans le bain. Plutôt faire corps avec nos vieux bonzes et donner raison à Mme Camuze dont les réactions me déplaisent pourtant. Aussi pourquoi nous avoir délégué des gens antipathiques, aussi spectaculairement criminels pour accomplir des réformes dans notre petite ville rétrograde ? À nous deux commandant ! Quoi que tu penses, tu vas avoir affaire à forte partie. Notre haine est égale. Bénis l'amour qui me tient prisonnière, rends grâce à Jean Luze, le Français, de m'accaparer au point de me rendre inexistante pour toute autre chose que l'amour. Tu fais le bravache en te pavanant armé comme un arsenal, et moi je suis assez intelligente pour cacher mon jeu jusqu'à te paraître inoffensive. Et, c'est ma force. Je suis patiente et toi impulsif comme tous les imbéciles. Je me drape dans une dignité de vieille souche tout en nourrissant en moi le venin de la vipère ; tu étales ta cruauté, je sais dissimuler la mienne ; tu mords, moi je pique sournoisement et mon regard exercé par l'éducation bourgeoise que j'ai sucée dès l'enfance fait de moi l'ennemie la plus rusée. J'attends mon moment. Car l'amour pour l'instant me sauve de la haine[58].*

Ce passage a l'avantage de rendre évident deux points : le premier est la confirmation d'un aspect de cet article qui, rappelons-le, vise à interroger l'ambivalence du caractère de Claire ; il s'agit de son mutisme face aux

---

56. Ibid., p. 51.
57. Ibid., p. 72.
58. Ibid., pp. 74-75.

horreurs qui sont perpétrées dans sa localité. L'autre aspect est de voir que ce mutisme et ce conformisme participent comme, il est déjà indiqué, de sa stratégie.

**Claire, révoltée contre qui, quoi ?**

Claire se révolte d'abord contre son père et contre une partie de l'héritage laissé par celui-ci. Elle refuse de servir les loas. C'est la part non assumée de l'héritage. Elle se révolte aussi contre l'éducation bourgeoise qu'elle a reçue : « D'où me venait cette tolérance sinon de me venger de l'éducation rigide que j'avais reçue ? En révolte déjà contre tout ce qui m'avait marquée, je m'acharnais hypocritement à détruire les mythes, et secouais le joug sans me trahir une seconde[59]. » En désaccord avec les préjugés de sa classe, elle rend visite à Jane la couturière, une femme mal vue dans le milieu tout comme elle vient en aide à Dora Soubiran. Elle se fait frondeuse contre sa société et son cercle familial : « Je n'ai pas cru un traître mot de ce que racontent Madame Audier et le Père Paul au sujet de Jane. Félicia a beau foncer les sourcils, je lui rends régulièrement visite ainsi qu'à Dora[60]. »

Elle se révolte aussi contre la religion et en premier chef, Dieu : « J'ignore si tout est parfait là-haut, mais sur la terre, quel gâchis! Je lui raconterai comment ça se passe. Je lui ouvrirais les yeux[61]. » Elle ne va d'ailleurs à la messe que pour sauver les apparences. Elle veut se passer des divinités pour ne compter que sur ces propres forces. Elle s'en prend au père Paul qui lui conseille d'éviter la fréquentation de Jane.

Dans la narration des fantasmes féminins et du sentiment amoureux, Claire frôle l'inceste en aimant d'un amour fou son beau-frère et en nourrissant des projets les uns plus macabres que les autres pour parvenir à ses fins : « Me voilà plus jamais amoureuse du mari de ma sœur et je ne veux penser à rien d'autre qu'à cet amour[62]. » Ayant échoué avec Annette, et voyant Félicia se rétablir après son hospitalisation, Claire pense au crime : poignarder Félicia. Puis nourrit l'idée du suicide devant son incapacité à mettre en œuvre son

---

59. Ibid., p. 165.
60. Ibid., p. 202.
61. Ibid., p. 49.

plan. Tuer Calédu est donc l'acte par lequel Claire donne libre cours enfin à toutes ces passions qui l'animent. Si Claire est animée d'un amour fou pour Jean Luze et de la haine pour Calédu, le dénouement fait triompher la dimension politique du récit :

> *Le roman qui semblait avoir donné la priorité à l'intrigue sentimentale, tant par l'ordre d'apparition des thèmes que par l'espace qui leur est réservé, favorise, dans son dénouement, l'intrigue politique, par un déplacement d'objet : le poignard dirigé d'abord vers Félicia, la sœur, puis vers Claire elle-même, est détourné de son but vers le tyran honni*[63].

L'ambivalence du caractère de Claire résulte des différentes violences qu'elle a subies et des résolutions qu'elle a prises pour y faire face. Si elle n'a pas su / pu réaliser ses fantasmes de vielles femmes vierges c'est pour faire prioriser la thématique révolutionnaire du récit. Un déplacement considérable est fait du début à la fin du roman : cette ville divisée est devenue une ville entièrement debout.

Claire, personnage mal nommé par son nom qui contraste avec la couleur de sa peau, raconte une histoire qui se déroule à une date charnière dans l'histoire du XXème siècle haïtien : la fin de l'occupation américaine et l'avènement de la dictature des Duvalier. Ce récit donne à lire à la fois une histoire d'amour et les atrocités d'un régime autoritaire. Ces deux lignes directrices du texte s'expriment par les sentiments contrastés qui animent la narratrice : amour fou, haine implacable. Si elle a échoué à retrouver l'amour, elle a pourtant réussi à obtenir vengeance. Sa stratégie lui réussit bien car ce n'est qu'en se dissimulant dans le noir qu'elle réussit à poignarder Calédu.

Ulysse MENTOR, Ph. D. cand.

---

62. Ibid., p. 68.
63. Madeleine, Cottenet-Hage, « Violence Libératoire / Violence Mutilatoire dans *Amour* de Marie Chauvet », Cité dans Nadève Ménard, « Et la ville entière debout, ordre et désordre dans *Amour* de Marie Chauvet », *Relire l'histoire littéraire et le littéraire haïtiens*, Port-au-Prince, Editions Presses Nationales, 2007, p. 215.

# Bibliographie

BARTHES, Roland, « L'effet de réel », *Œuvres complètes*, Vol. 2, Paris, Seuil, 2002.

BRAUD, Philippe, *Violences politiques*, Paris, Seuil, 2004.

COLLECTIF, *Relire l'histoire littéraire et le littéraire haïtiens*, Port-au-Prince, Presses Nationales d'Haïti, Coll. « Pensée critique », 2007.

CRETTIEZ, Xavier, *Les formes de la violence*, Paris, La Découverte, Coll. « Repères », 2008.

GENETTE, Gérard, *Figures III*, Paris, Seuil, Coll. « Poétique »,1972.

JOUVE, Vincent, *Poétique du roman*, Paris, Armand Colin, Coll. « Cursus », 2e éd., 2009.

MAGLOIRE, Nadine, *Le sexe mythique*, Port-au-Prince, LEGS ÉDITION, 2014.

MANZARNO, Michela, (dir.), *Dictionnaire de la violence*, Paris, PUF, 2011.

MICHAUD, Yves, *La violence*, Paris, PUF, Coll. « Que sais-je », 7e édition, 2012.

PIEGAY-GROS, Nathalie, *Le roman,* Paris, GF Flammarion, 2005.

SARRAUTE, Nathalie, *L'ère du soupçon*, Paris, Gallimard, Coll. « Folio », 1956.

VIEUX-CHAUVET, Marie, *Amour, Colère, Folie*, [1968], Paris, Zulma, 2015.

**Pour citer cet article :**

Ulysse MENTOR, « Claire, entre conformisme et révolte : une lecture d'*Amour* de Marie Vieux-Chauvet », *Revue Legs et Littérature*, 2016 | no. 8, pp. 31-49.

# Engagement et résistance dans *Amour, Colère et Folie* de Marie Vieux-Chauvet

*Marie-Josée Desvignes vit dans le Sud de la France. Professeure certifiée de Lettres modernes et Formatrice en écriture, elle se consacre exclusivement à l'écriture de romans, nouvelles, essais, poésie et chroniques littéraires. Outre ses publications dans des journaux et revues, elle est, entre autres, l'auteur de* La littérature à la portée des enfants, enjeux des ateliers d'écriture dès l'école primaire *(2000) ;* Requiem, récit poétique *(2013).*

## Résumé

*L'audace et la liberté de ton d'*Amour, Colère et Folie, *trois courts romans réunis dans un même livre, tiennent tout autant à l'écriture somptueuse, luxuriante et engagée de Marie Vieux-Chauvet qu'au plaidoyer virulent de son île, Haïti, qu'elle défend avec ses mots, véritables armes, comme a bien su, malheureusement, le lui rappeler un certain Duvalier. La folie qui couve dans le cœur des hommes avides de pouvoir, ses personnages pris dans la fureur qui gronde sur cette terre, et dont elle dresse des portraits d'une grande justesse, tout cela fait que nous la suivons dans ces pages majestueuses avec le même désir brûlant qui l'anime.*

## Mots clés

*Haïti, génération littéraire, Émergence.*

## ENGAGEMENT ET RÉSISTANCE DANS *AMOUR, COLÈRE ET FOLIE* DE MARIE VIEUX-CHAUVET

C'est en 1960, sous le régime dictatorial de Duvalier que Marie Vieux-Chauvet écrit sa trilogie *Amour, Colère et Folie*. Le manuscrit envoyé à Simone de Beauvoir sera publié aux éditions Gallimard en 1968. Très rapidement, face à la menace duvaliériste qui pèse sur elle et sa famille, elle se verra contrainte de s'exiler aux États-Unis où elle mourra peu de temps après avoir écrit son dernier roman *Les rapaces*, paru en 1986 à titre posthume.

Rédigé cependant en Haïti et non en exil, *Amour* est un livre de et sur la passion. Une passion pour un homme, mais une passion, métaphore à peine voilée de celle que la narratrice voue à son pays. Un pays pris dans la tourmente depuis bien avant son indépendance et dont l'histoire ensuite n'a cessé d'être tourmentée. *Amour* raconte l'histoire de Claire dont le prénom justement dit toute l'antinomie qu'elle porte en elle et ses contradictions les plus intimes. Claire est cette femme qui n'appartient à personne et qui ne se laisse pas berner. C'est un personnage qui se veut, avec ses défauts et ses qualités, une allégorie de son pays. Seule fille à la peau noire dans une famille de mulâtres, elle est aussi une femme de tête, déterminée, puissante et fervente intérieurement alors qu'elle demeure passive et quasi soumise pour son entourage. Narratrice de ce récit puissant, dénonçant l'injustice sociale, la misère, les préjugés sociaux associés à la couleur de la peau dont sont victimes en particulier ceux qui ont le tort de naître avec la peau noire et ceux qui sont entre-deux, ni noirs ni blancs. Comme si la couleur de leur peau scellait leur destin. Ce peuple, victime du joug colonialiste –héritage auquel les haïtiens eux-mêmes, surtout les métisses dont la peau s'est éclaircie, se cramponnent –, vit sous le joug du « nègre féroce », ce Calédu qui, depuis huit ans, a droit de vie et de mort sur ceux qu'il abuse...

> *Par quel miracle ce pauvre peuple a-t-il pu pendant si longtemps rester bon, inoffensif, hospitalier et gai malgré sa misère, malgré ses injustices et les préjugés sociaux, malgré les multiples guerres civiles ? Nous nous exerçons à nous entr'égorger depuis l'Indépendance*[1].

Tortionnaire cruel, monstrueux, il est capable de violer de pauvres filles jusqu'à les estropier, d'assassiner dans des conditions atroces ; Calédu, c'est la bête immonde à abattre.

Mais Claire, malgré sa lucidité et son désespoir, elle qui a été si belle et n'a pas su même voir que des trois sœurs (les deux autres sont de peau claire) elle était la plus belle, va aimer en secret le mari de sa sœur Félicia.

C'est avec une liberté de ton, une sensualité audacieuse et un courage extraordinaire que Marie Vieux-Chauvet va nous dévoiler cette passion fulgurante. Une passion qu'aucun ne peut imaginer, logée dans un corps de vieille fille ayant refoulé ses instincts trop longtemps puisque « elle n'a compris que sur le tard que l'acte d'amour se situe sur le même plan que les autres besoins physiologiques de l'être humain[2] ». Tout comme, c'est aussi sur le tard, qu'elle s'est rendu compte de la bêtise qui tend à séparer les classes sociales sur la base de la richesse ou de la couleur de peau.

C'est de ses parents qu'elle va se forger ces croyances sur le rejet du corps et de ses besoins, et la nécessité de rester pure. C'est aussi son père qui lui apprend comment l'étranger s'est enrichi à leur dépens, du Syrien à l'Américain, des Allemands et des Anglais aux Français ; son père qui n'hésitait pas à lui

---

1. Marie, Vieux-Chauvet, *Amour, Colère et Folie,* Paris, Zuma, 2015, p. 17.
2. Ibid., p. 23.

donner le fouet pour ses bêtises d'enfant avec ces mots : « C'est une race indisciplinée que la nôtre et notre sang d'anciens esclaves réclame le fouet, comme disait feu mon père[3]. »

C'est de Jean Luze qu'elle est amoureuse, ce beau français dont la narratrice dresse un portrait distingué, honnête, fidèle à sa femme malgré les tentations multiples (notamment la plus jeune des sœurs) et qui veillera sur Claire sans jamais voir (ou vouloir voir) l'amour qu'elle lui porte, la prévenant de ses imprudences à se mêler de politique, à défendre les victimes de Calédu : « votre petite ville est en train de vivre en plein vingtième siècle ce qu'a connu la France du temps de Louis XVI[4] ». Jean Luze compare la situation à celle de 1789 en France mais ce qui le déconcerte et qu'il ne peut s'empêcher d'exprimer c'est ce qu'il appelle « le fatalisme bon enfant » de ce peuple, sa résignation. Argument vite contré par le Docteur Audier, son principal interlocuteur, qui lui oppose qu'un étranger ne comprendra jamais ce peuple même s'il vivait cent ans en terre d'Haïti, face à « la terreur dont sont victimes les pauvres gens[5] » et que donc rien n'est comparable.

Et c'est bien une Révolution qui se prépare tant dans le corps de Claire que dans la petite ville. La passion exaltée de Claire est une allégorie de celle que vit le peuple, un feu bouillonnant, sanglant, terrifiant. Cette passion est au cœur de l'ouvrage comme dans le cœur et le corps de Claire, une image en réduction de ce mouvement de révolte qui gronde dans la ville, faite de violences, de frustrations et de beaucoup de haine.

Jean Luze sais-tu de quoi je suis capable ? Sais-tu en quel monstre peut se transformer un être affamé que l'on tente sans assouvir sa faim[6] ?

Si Claire vit sa propre révolution intérieure, par le biais de cette passion destructrice pour Jean Luze, elle en éprouve tout autant les charmes que les ravages.

---

3. Ibid., p. 130.
4. Ibid., p. 29.
5. Ibid., p. 82.
6. Ibid., p. 206.

> *Il faut pourtant que l'amour me protège de moi-même. J'ai peur de me retrouver seule avec tant de haine sur les bras. Qu'adviendra-t-il de moi si je la regarde en face, si je lui cède... ?*[7]

Marie Vieux-Chauvet, par la voix de sa narratrice, Claire, est consciente de son audace, la revendique, la fait voler en éclats sombres et lumineux et ce qu'on entend à propos de cette passion ravageuse s'applique tout autant à sa conception de l'humanité, car Claire est capable d'être aussi violente et cruelle que ce qu'elle dénonce. C'est elle qui va pousser sa jeune sœur dans les bras de Jean Luze, son beau-frère, profitant de leurs échanges de séduction par procuration, jouissant seule ensuite dans son lit, le soir venu, des fantasmes qu'elle a suscités.

C'est elle aussi qui souhaitera la mort de sa sœur Félicia, l'épouse de Jean Luze, et dira avec beaucoup de cynisme : « Aura-t-elle l'intelligence de mourir sans que j'aie besoin d'intervenir[8] », alors que sa sœur est dans une extrême faiblesse et en danger de mort.

C'est elle qui « volera » l'éducation de son neveu à sa sœur, allant jusqu'à la folie, imaginer qu'elle en est la mère et donc l'épouse de Jean Luze.

Son imagination débridée n'aura plus de limites et elle fera l'amour à Jean Luze en rêve et dans son corps brûlant, chaque nuit, car il faut « vivre, vivre avant qu'il soit trop tard[9] ! » et « Quelle volupté de s'enfoncer dans le rêve pour vivre sa vie pour soi seul[10] ».

C'est elle qui dira (l'auteur aussi sans doute par la voix de Claire), à l'adresse de tous ses censeurs, avec la folie, la colère et la détermination qui la caractérise :

---

7. Ibid., p. 97.
8. Ibid., p. 204.
9. Ibid., p. 107.
10. Ibid., p. 109.

> Poussez de hauts cris si jamais ce manuscrit vous tombe sous les yeux, traitez-moi d'impudique, d'immorale ! Assaisonnez-moi d'épithètes injurieuses si cela peut vous soulager mais vous ne m'intimiderez plus. J'ai perdu mon temps à vous prendre au sérieux et j'ai raté ma vie[11].

Elle rue dans les brancards, elle est enragée mais intelligente et très habile, maîtresse d'elle-même jusqu'au bout, elle saura tromper son monde et seul le lecteur lira cette volonté farouche de vivre par procuration, connaîtra son âme la plus secrète, la plus noire, et la plus lumineuse aussi. Elle restera la jeune femme parfaite, la Claire dévouée et soumise, l'« Immaculée » des processions des fêtes de la Vierge, celle aussi qui dorlote sa poupée de chiffon cachée dans son tiroir, qu'elle ne sort qu'à la tombée de la nuit, à l'abri des regards et qui lui sert de substitut d'enfant, celle qui rêve de voir ses seins gorgés de lait, et dont le corps brûle en permanence, de tant de désirs et de frustrations.

Le seul lucide dans cette populace apeurée, avec elle, semble être Jacques le Fou qui hurle que « Les portes de l'enfer sont ouvertes pour nous engloutir. Dieu nous a maudits, il a ouvert sur nous les portes de l'enfer[12] ». Jacques, l'inconscient qui mourra pour une telle provocation, est tué à bout portant par le tyran Calédu et sa police. Jacques, que les poètes sortis de leur tanière ont porté tête baissée, en silence, jusqu'au cimetière et qui pour cela seront victimes d'une rafle. Mais « la peur est un vice, elle s'enracine quand on la cultive[13] ». La Révolution se fait toujours dans et avec la passion. « Que peut-on sans passion ? Les tièdes sont comme des reptiles: ils rampent ou ils se traînent à quatre pattes. Je ne les envie pas[14] », affirme Claire.

Sans passion nous demeurons, serviles, lâches et soumis. Et c'est en ayant armé son bras (s'entraînant à tuer le chat) qu'elle désirera se défaire de sa passion mais, le poignard qu'elle tient dans sa main, pour soulager sa souffrance, trouvera sur sa route le seul et unique être qui méritera de mourir et fera d'elle tout à la fois une sainte et l'héroïne de ce magnifique roman.

---

11. Ibid., p. 40.
12. Ibid., p. 62.
13. Ibid., p. 65.
14. Ibid., p. 216.

*Colère* est le deuxième court roman de cette trilogie. On y retrouve la même ferveur, et c'est dans une écriture nerveuse, haletante et rythmée que le talent de conteuse de Marie Vieux-Chauvet se révèle encore, dans cette histoire conçue comme une longue nouvelle dont la chute a été ménagée après un suspense insoutenable[15].

Encore une fois, ici Marie Vieux-Chauvet dénonce les abus de la tyrannie sur sa terre Haïti, commis par des hommes avides de pouvoir et de sang, sur un peuple qui vit dans la peur, sous la domination du plus cruel. « Ils ont peur, [dit le grand-père]. Là où règnent la violence et le crime, tous ont peur, même les bourreaux, même les criminels ».

La colère, c'est celle de chacun des membres de cette famille qui va se voir dépossédée de ses terres par les « hommes en noir » et victime encore comme dans le précédent roman de la tyrannie d'un seul baptisé le « gorille » en raison de sa laideur et de sa pilosité. Une famille comme tant d'autres avec ses amours et ses désamours, constituée d'un père infidèle à sa femme et sur qui pèsera le poids de la honte, quand il laissera sa fille aux mains du monstre, puis qui essaiera en toute fin de sauver ses enfants ; un fils brillant, Paul, dont on pressent que la violence atavique, portée par des siècles de domination, peut déborder et risquer de compromettre son bel avenir ; une mère, Laura, fragile et lucide qui se réfugie dans l'alcool ; un grand-père réfugié dans ses souvenirs et ses désirs de révolte qui s'occupe du plus jeune des enfants, Claude, handicapé, porteur de rêve d'héroïsme et une jeune fille, Rose, martyre et sainte « d'une docilité écœurante[16] », qui se décrit comme une « panthère lascive aux mains d'un chien[17] » et dont le portrait éclairera par moment la noirceur du tableau, par sa présence à la fois faussement soumise et forte dans ce qu'elle endurera. Figure christique par excellence, Rose demeurera tout au long du récit l'instrument de cette colère qui les déborde tous.

Dans la peinture de ces portraits, Marie Vieux-Chauvet est sans concession pour chacun d'eux, elle sait magnifiquement bien exacerber et déceler la

---

15. Ibid., p. 276.
16. Ibid., p. 332.
17. Ibid., p. 335.

moindre faille de leur caractère et c'est sans doute par cet aspect, qu'elle les rend si vivants et qu'elle nous donne à vivre ces moments douloureux de l'Histoire de son pays.

> *L'homme n'est qu'un animal doué d'une conscience étroite qui le cerne : c'est pourquoi il est voué à la souffrance. En lui se manifeste la lutte de la bestialité et de l'esprit. Destin tragique, lutte opiniâtre où rarement l'esprit sort vainqueur, Dieu nous a joués...*[18]

*Folie* est le troisième volet de la trilogie et l'on retrouve les mêmes hantises, les mêmes peurs, les mêmes dénonciations. Cette fois, Marie Vieux-Chauvet met en scène quatre jeunes poètes en devenir, considérés comme fous puisque poètes, enfermés huit jours durant dans cette terreur contre la haine qu'ils suscitent, contre la vérité que portent leurs mots. Dans une première partie étouffante, le huis-clos révèle l'état de fragilité et la force de lucidité de ces « fous » dont le seul désir pourtant est de vivre, dans un pays qui, semble-t-il, n'accorde aucun crédit à ces « fainéants » de poètes. Affamés et reclus, rejetés par la société, ils seront en deuxième partie vilipendés par la foule et la police qui ne saura plus comment ils doivent gérer ces hommes-là, dont l'apparence est à la fois normale et si différente, si incompréhensible. Le texte se referme comme il s'est ouvert sur un lynchage puis une exécution, une violence gratuite et une folie collective qui appartient bien plus à ces individus qu'à ceux qu'ils ont condamnés.

Les hommes en noir du deuxième récit sont-ils les diables que redoutent les poètes ? Ils sont en tout cas à l'image de l'Inquisition et de la tyrannie que dénonce, sous couvert de fiction, Marie Vieux-Chauvet, celle des tontons macoutes et de Papa Doc, François Duvalier.

Celle d'une société prise dans ses croyances et son Vaudou, qui fusillent les poètes, violent les filles de la bourgeoisie, violentent les misérables mendiants qui envahissent la ville.

> *Une chaleur de cœur-d'été-haïtien incendie le ciel et la terre.*
> *La route s'étale solitaire et rouge jusque devant l'église où*

---
18. Ibid., p. 335.

> *s'amoncellent des cadavres. Comment peuvent-ils tuer quand le soleil se couche ? Comment peuvent-ils tuer quand le soleil se lève ? Tout est si beau à toutes les heures du jour et de la nuit ! Pour l'instant, la mer étreint le ciel là où le soleil a plongé, paré de safran et de pourpre. Tout un pan de ciel se trouve incendié. Des flammes lèchent les nuages et les embrasent. Le soleil est un centaure à la crinière flamboyante...*[19]

Le poète s'interroge sans cesse sur l'utilité de son action, sa poésie ne suffira pas, il lui faut passer à l'action, il se fabrique avec tout ce qu'il possède et c'est bien peu de choses – quelques bouteilles, du coton pourri et un reste d'alcool et quelques allumettes – des cocktails Molotov de fortune qui le feront passer pour un homme dangereux au lieu du pauvre fou qu'il est peut-être bien réellement devenu à force de douleurs, de faim et de terreur.

La puissance de la voix de Marie Vieux-Chauvet tient sans doute encore dans ce dernier opus à la performance de l'analyse psychologique de l'homme haïtien. Une analyse d'une force et d'une clairvoyance sur l'état de révolte qui gronde dans l'âme de ce peuple, une révolte fondée sur des années et des années de culpabilité et de souffrances entretenues par le Vaudou et les croyances et sur la douloureuse question de la couleur de la peau, qui revient, lancinante tout au long des trois récits, blessure à vif qui, à elle-seule, justifierait la folie collective qui s'empare de tous quand ils sont confrontés à la différence, résultante d'une peur face à ce qu'on ne connaît ou ne comprend pas et qui définitivement pose la question de « qui suis-je ? » et celle de « pourquoi tant de haine ? ».

> *Simon dit qu'il faut oublier cette absurde question de peau et de race. Si c'est juste, pourquoi le commandant m'a-t-il traité de salaud de mulâtre ? La question de la race mise à part puisque je suis noir aux yeux des blancs, pourquoi le commandant a-t-il cru m'insulter en m'appelant mulâtre ? Est-ce que je l'appelle nègre, moi ? Ce titre, puisqu'on s'en sert comme d'un titre, me singularise et je me sens mal à l'aise*

---

19. Ibid., p. 408.

*dans ma peau comme un animal transplanté qui aurait oublié son pays d'origine. Les diables versent-ils dans la discrimination eux aussi ? À qui en veulent-ils au juste*[20] *?*

Ce qui frappe au-delà de l'immense talent de conteuse de Marie Vieux-Chauvet, c'est sans aucun doute la liberté de ton et l'audace de sa voix, marquées par son engagement pour la dénonciation des abus en tous genres contre les femmes, les malheureux, les plus faibles. Même si elle n'épargne personne dans sa peinture des mœurs et coutumes de son pays, son analyse fine de l'âme humaine révèle à la fois une étonnante perspicacité, une justesse et une grande intensité dans la peinture de ces portraits.

Dany Laferrière dans la postface de l'ouvrage rappelle que Marie Vieux-Chauvet a été réduite au silence et soumise à l'exil par la fureur que suscita son œuvre chez Duvalier.

Presque cinquante ans plus tard, il est toujours temps de redonner sa place à cette romancière de grand talent. Sa voix est sans aucun doute et plus que jamais importante dans le combat contre toutes les tyrannies d'ici et d'ailleurs.

Marie-Josée DESVIGNES

Pour citer cet article :

Marie-Josée DESVIGNES, « Engagement et résistance dans *Amour, Colère et Folie* de Marie Vieux-Chauvet », *Revue Legs et Littérature,* 2016 | no. 8, pp. 51-61.

---

20. Ibid., p. 449.

# *Les rapaces* de Marie Vieux-Chauvet : un choc salutaire pour la conscience

*Marc Exavier a fait des études de lettres à l'École normale supérieure et de Maîtrise en Sciences de l'éducation à l'Université de Montréal. Professeur de lettres à l'École normale supérieure de Port-au-Prince, il a aussi mené une carrière de journaliste culturel en animant des émissions sur le livre et la lecture. Ancien directeur de la Radio nationale d'Haïti, ce féru de littérature a animé des ateliers de lecture et d'écriture dans différentes villes de province d'Haïti à l'intention des jeunes en vue de les porter à découvrir le secret de la lecture. Il est l'auteur de trois recueils de poèmes* Les sept couleurs du sang *(1978),* Soleil caillou blessé *(1994),* Chansons pour amadouer la mort Suivi de Le cœur inachevé *(2005) et d'un recueil de nouvelles intitulé* Numéro effacé *(2001).*

## Résumé

*Les rapaces est le dernier roman de Marie Vieux-Chauvet. Paru en 1986, soit treize années après sa mort, le livre revient sur les monstruosités du régime duvaliériste, en particulier les quinze années de Jean-Claude Duvalier, Baby Doc, au pouvoir. Marie Vieux-Chauvet se propose dans ce livre, comme c'est le cas dans ses autres romans, de réveiller les consciences, tout en dénonçant l'injustice sociale, la misère et la violence quotidienne.*

## Mots clés

*Littérature, injustice, terreur, dictature, conscience.*

## *LES RAPACES* DE MARIE VIEUX-CHAUVET : UN CHOC SALUTAIRE POUR LA CONSCIENCE

Dans des propos recueillis par l'écrivain Louis Philippe Dalembert publiés dans le livre collectif *En amour avec Marie*, le poète et romancier René Depestre déclare : « Quand on regarde de près notre histoire, on peut dire que nous n'avons jamais eu un gouvernement démocratique[1] ». Si une démocratie peut-être définie comme un état gouverné selon des lois justes et où les droits de tous sont respectés, on peut dire que Depestre a malheureusement raison. Haïti est un pays où règne l'injustice sociale. D'un côté les nantis, de l'autre les démunis, les affamés, et, entre eux un abime infranchissable. Pour protéger leurs biens et leurs privilèges, les possédants font régner la peur et la terreur grâce à des hommes de main recrutés parmi les pauvres, à qui ils jettent quelques patates et quelques illusions. Et ces derniers deviennent les plus implacables tortionnaires et les parvenus les plus arrogants. Mais les cas les plus tristes et les plus répugnants, ce sont les lettrés, les savants, les diplômés, les théoriciens de la révolution qui renient leurs convictions et vendent leur conscience pour quelques miettes de l'ignoble festin. Et pour la grande majorité c'est à jamais la misère, la faim, les « horizons sans ciel », les matins sans espoir.

---

1. Louis-Philippe Dalembert, « Témoignage de René Depestre », Collectif, *En amour avec Marie*, Collectif, Port-au-Prince, Imprimeur II, 2016, p. 67.

« Rien ne changera. Vous verrez ! Ça fait quatre-vingts ans que je suis sur la terre du bon Dieu. Et rien n'a changé pour nous dans ce pays depuis quatre-vingts ans [2] ». Ces propos sont tenus par un vieillard au milieu d'une foule de pauvres-mendiants infirmes venus regarder comme un spectacle de choix, le cortège funéraire du vieux tyran, au début du roman *Les rapaces* de Marie Vieux-Chauvet. Chacun y va de ses commentaires et de ses plaisanteries. Mais le groupe va se disloquer quand surgira un chat.

*L'un des pauvres étendit le bras :*
*— Un chat ! s'exclama-t-il.*
*Ce fut aussitôt la ruée*[3].

Ce chat constituera le pivot narratif de la première des trois parties du récit. Dans sa course, il nous conduira à travers la grande ville, dans le marché désert où « les pauvres avaient déjà pillé la place à quatre pattes, le nez à terre comme des bêtes[4] », vers les riches quartiers jusqu'à « une petite maison basse d'une seule pièce, cachée dans une forêt d'arbres[5] ». Les quatre enfants attendent leur père. « Papa n'est pas encore rentré, constata avec déception l'aîné des enfants. [...] Mon estomac est si vide qu'il crie sans repos ! se plaignit la troisième[6] ». Et l'enfant curieuse à elle seule, d'une voix évoquant la pitié demande :

*— Est-ce qu'il y a d'autres enfants qui ont toujours l'estomac vide comme nous, demanda le second garçon à sa sœur.*
*— Oui, papa dit que c'est le lot de tous les enfants pauvres.*
*— Et pourquoi nous sommes pauvres ?*
*— Parce que notre papa a perdu ses terres.*
*— Et pourquoi il a perdu ses terres ?*
*— Parce qu'on les lui a volées.*
*— Qui a fait ça ?*
*— Les chefs qui ont tous les droits*[7].

---

2. Marie Vieux-Chauvet, *Les rapaces* [1986], Port-au-Prince, Imprimeur II, 2016, p. 23.
3. Ibid., p. 24.
4. Ibid., p. 25.
5. Ibid., p. 25.
6. Ibid., pp. 25-26.
7. Ibid., pp. 27-28.

Le père, Alcindor, dépossédé de ses terres et de sa maison par les rapaces qui ont tous les droits a donc fui le morne où il a grandi et est venu avec ses quatre enfants grossir les rangs des mendiants, des chômeurs, des crève-la faim dans cette grande ville ou à défaut d'ordre, des hommes armés font régner la terreur. Après avoir erré le long des routes, couchées sous des galeries, Alcindor et ses gosses arrivent un soir à cette case abandonnée « mise sur leur chemin par la Providence[8] ».

> *Le havre pour Alcindor. Tremblant de se voir un jour ou l'autre jeté dehors, il en remerciait le ciel en implorant sa protection. C'était l'endroit rêvé. Alentour aucun voisin. Personne pour assister à leur déchéance. Leurs vêtements en lambeaux, leurs pieds nus, blancs de poussière, étaient devenus aussi anonymes que ceux des autres mendiants, et au bord de mer, ils se mêlaient à eux pour importuner de leurs plaintes les touristes et les passants...[9]*

Cette case abandonnée et isolée appartenait à un jeune homme, Michel, qui l'avait héritée de sa mère, morte après une vie de labeur éreintant. « De cinq du matin à dix heures du soir, elle lavait et repassait[10] ». Grâce au sacrifice de cette femme, Michel « n'avait jamais connu la faim[11] » et s'était instruit. Il était poète et écrivait un livre qui, rêvait-il, allait tirer le peuple de sa torpeur et le porter à se dresser « en justicier face au tyran[12] ».

> *Avec lui marchaient quelques jeunes venus de toutes les couches sociales du pays. C'étaient eux les défenseurs du peuple qui parcouraient les bourgs et les mornes en s'introduisant dans les taudis et les chaumières pour instruire les ignorants et les pousser à la révolte. Combien d'entre eux avaient déjà disparu ? Combien avaient été lâchement assassinés ? Il ne pouvait plus les compter[13] ?*

---

8. Ibid., p. 62.
9. Ibid., p. 62.
10. Ibid., p. 42.
11. Ibid., p. 42.
12. Ibid., p. 38.
13. Ibid., p. 39.

Malgré la peur et la terreur qui règnent sur toute l'étendue du territoire national – pour utiliser une formule de l'époque – le poète Michel sans haine et plein d'espoir rêve de « voir flotter sur le pays la bannière lumineuse de la justice et la liberté[14] » et s'achever « le règne des rapaces[15] ».

> *Richesse et misère ! Ce contraste représentait la honte et le déshonneur. Comment, à moins de mauvaise foi, ne pas s'en rendre compte ? Ce contraste, il le sentait douloureusement planté dans sa chair comme une écharde. (...) Plutôt que de continuer à faire partie d'une nation méprisable, ne valait-il pas mieux sacrifier sa vie à la victoire de la justice sociale ? Tel était son choix[16].*

Comme beaucoup de ses compagnons et de ses compagnes dans le roman –et beaucoup de jeunes sous le règne sanguinaire des Duvalier– Michel sera exécuté, à bout portant, par des hommes armés qui firent irruption dans sa case. « Ils tirent l'un après l'autre... Le chat qui somnolait, miaulait, grimpa, sur le corps du jeune homme. Il posa le museau sur la blessure du cœur et se coucha sur le mort[17] ».

Il y aura beaucoup d'autres meurtres, des tortures, des exactions et des ignominies dans ce bref roman saturé d'horreurs et de violences, comme l'époque qu'il dépeint. Il sera question d'un trafic de plasma sanguin et de cadavres, orchestré par le gouvernement lui-même vers les États-Unis. Et pourtant ce texte sombre et âpre s'achèvera sur une rédemption miraculeuse. Le livre que Michel était en train d'écrire a été sauvé et le manuscrit découvert et lu par l'un de ces lettrés qui avaient vendu leur âme au pouvoir.

> *Et voilà que de sa conscience obscurcie par l'ambition et l'égoïsme jaillit comme une gerbe d'étincelles. Il se sentit inondé de lumière. L'émotion le gagna et ses convictions*

---

14. Ibid., p.39.
15. Ibid., p. 39.
16. Ibid., pp. 39-40.
17. Ibid., p. 45.

> *endormies surgirent, vivaces et si intactes que des larmes ruisselèrent sur ses joues. Voilà qu'un livre me fait pleurer, s'étonna-t-il [...] Je dépenserai ma fortune pour réparer le mal que j'ai fait à mon pays. J'en fais le serment. Que ce livre soit publié et qu'à ma suite marchent tous les rapaces. Ce miracle qu'espérait l'auteur devra s'accomplir. Tel est mon devoir*[18].

Écrit peu avant le décès de l'auteur (19 juin 1973) dans l'exil newyorkais et publié pour la première en 1986, ce roman restitue l'atmosphère d'oppression et de combines des débuts du règne de Jean-Claude Duvalier. On y retrouve les thèmes, les préoccupations, les obsessions qui composent l'univers et la pensée de Marie Vieux-Chauvet, la révolte contre la misère, l'injustice, la tyrannie et la corruption.

C'est aussi un récit d'une haute facture littéraire, utilisant judicieusement les analepses et le monologue intérieur pour nous introduire dans le passé et la conscience des personnages et leur conférer une réelle épaisseur, une grande vérité. L'écriture solide et juste sert de narration sans faille et sans temps mort, elliptique intense et poignante comme une tragédie classique.

Après le tour de force d'*Amour, Colère et Folie*, c'est une romancière qui a acquis de haute lutte la maîtrise de son art et, avec *Les rapaces*, délivre un ultime et précieux message, dans l'urgence des derniers instants, entre l'indignation et la foi. C'est un livre doué de pouvoirs transformateurs. Alcindor ne revient pas idem suite à sa rencontre avec Anne : « Déjà sa parole avait éclairer sa conscience comme une torche[19] ». Les propos d'Anne sont d'une grande puissance et lui éveillent la conscience sur la nécessité d'instruire le peuple : « En éclairant le peuple, en lui apprenant à prendre conscience de ses droits, nous lui montrons la route du progrès[20] ». Déjà dans sa jeunesse, sa tante Eugénie lui avait appris qu'« Il ne faut jamais agir contre sa conscience, répétait-elle à sa nièce, elle est comme un muscle, la

---

18. Ibid., p. 118.
19. Ibid., p. 89.
20. Ibid., p. 95.

conscience, elle finit par s'atrophier quand on néglige et qu'on la blesse trop souvent[21] ».

Michaëlle Jean pense que Marie Vieux Chauvet écrivait pour réveiller la conscience. Lisons-la pour (re) prendre conscience et courage.

Marc Exavier, M.A.

---

21. Ibid., p. 103.

**Bibliographie**

COLLECTIF, *En amour avec Marie*, Port-au-Prince, Imprimeur II, 2016.

VIEUX-CHAUVET, Marie, *Amour, Colère et Folie*, Paris, Gallimard, 1968.

---, *Les rapaces* [1986], Port-au-Prince, Imprimeur II, 2016.

**Pour citer cet article :**

Marc Exavier, « *Les rapaces* de Marie Vieux-Chauvet : un choc salutaire pour la conscience », *Revue Legs et Littérature*, 2016 | no. 8, pp. 63-71.

# Héroïnes de Marie Vieux-Chauvet

*Né à Port-au-Prince, le 24 avril 1940, Max Dominique a fait des études de théologie à l'Université Grégorienne de Rome et de Lettres à la Sorbonne et à la faculté des Lettres de Strasbourg. Expulsé d'Haïti par le régime dictatorial de Duvalier en 1969, il a enseigné en République Centrafricaine, séjourné au Canada dans les années 1970 et participé à la fondation du Bureau de la Communauté chrétienne des Haïtiens de Montréal. De retour en 1986, il a enseigné les lettres à l'École Normale Supérieure de l'Université d'Etat d'Haïti. Critique littéraire, il a publié* L'arme de la critique littéraire : Littérature et idéologie *(1988),* Esquisses Critiques *(1999), et de nombreux articles dans les revues* Nouvelle optique, Chemins Critiques, Notre librairie, Cahiers de la conférence haïtienne des religieux, Conjonction *et le quotidien* Le Nouvelliste.

## Résumé

*J'ai choisi un peu arbitrairement trois héroïnes de Chauvet : Lotus, de son premier roman* Fille d'Haïti*, Claire de* Amour *et Rose de* Colère*, romans de la trilogie* Amour, Colère et Folie*. Un panorama exhaustif devrait ajouter Marie-Ange de* Fonds des nègres *et Minette de* La danse sur le volcan*. Ces romans présentent cependant une double difficulté : l'espace de la paysannerie n'est pas connaturel à la romancière, et* Fonds des nègres*, malgré l'effort de sympathie et de compréhension qui anime et soulève parfois le texte, laisse une pénible impression d'artificiel, et pourrait être perçu comme un pâle remake des* Gouverneurs de la rosée *de Roumain ;* La danse sur le volcan *va aux sources et aux origines de nos structures sociales, langagières et personnelles, mais fait appel aux lois complexes du roman historique, puisqu'il s'agit là d'une tranche lointaine, l'époque coloniale.*

## Mots clés

*Haïti, génération littéraire, Émergence.*

*Cet article a paru pour la première fois dans l'essai* Esquisses critiques *en 1999 chez Mémoire à Port-au-Prince. Nous le reprenons ici dans la revue* Legs et Littérature *en guise d'hommage au critique de talent que fut Max Dominique avec l'aimable autorisation de l'éditeur Rodney Saint-Éloi.*

## HÉROÏNES DE MARIE VIEUX-CHAUVET

Dans l'éblouissante foulée du chant lyrique de Roumain –et les pas de danse des *Gouverneurs de la rosée* martèlent encore le sol, labourent la ronde du coumbite fraternel et secouent la rosée inaltérable– Alexis et Chauvet inaugurent en Haïti le roman moderne. Jacques Stephen en fixe les fondements dans son manifeste –programme sur le réalisme merveilleux des Haïtiens, autre forme d'articulation du particulier à l'universel de la « belle amour humaine », et dresse un rigoureux bilan critique de la tradition antérieure, tout en illustrant ces principes par sa puissante pratique d'écriture romanesque[1]. Marie Chauvet écrit à l'orée et sous l'étau de la dictature romanesque. Les terribles années 1960 marquent un tournant décisif de notre littérature, et les écrivains d'*Haïti Littéraire* se regroupent autour de Chauvet, pour une influence et une contamination réciproques, auxquelles la romancière rendra hommage dans ses derniers romans[2]. La pratique d'écriture de Chauvet

---

1. Jacques Roumain, *Gouverneurs de la rosée*, les éditeurs français réunis, Paris, 1946. Jacques Stephen Alexis, « Prolégomènes pour un manifeste du réalisme merveilleux des haïtiens », *Présence africaine*, nos 8, 9, 10, 1956, reproduit dans *Dérives* no 12, 1978 : « Où va le roman », Présence africaine, no 13, 1957 ; « La belle amour humaine » 1957, *Europe* no 501, 1971. Les romans d'Alexis (*Compère général soleil*, 1955, *Les arbres musiciens*, 1957, *L'espace d'un cillement*, 1959) et son recueil de nouvelles *Romancero aux étoiles*, 1960 ont été édités chez Gallimard à Paris.
2. Romans de Chauvet : *Fille d'Haïti*, Fasquelle, Paris, 1954 ; *La danse sur le volcan*, Plon, Paris, 1957 ; *Fonds des nègres*, Deschamps, Port-au-Prince, 1961 ; *Amour, Colère et Folie*, Gallimard, Paris 1968, *Les rapaces*, Deschamps, Port-au-Prince, 1986. Le lyrisme de la

fournit au roman moderne un triple apport.

I. Le drame collectif est transposé au niveau des consciences individuelles traquées jusqu'au tréfonds d'elles-mêmes, dans leur vécu quotidien, par les contradictions sociales. Non seulement il retentit en elles et les marques de son irréfragable empreinte, mais les personnages de fiction ne peuvent se trouver et se réaliser qu'en pénétrant plus avant dans la tourmente d'une société qui, elle aussi, se cherche confusément. Au-delà du roman psychologique ou réaliste, il s'agit là d'une plongée abyssale au plus dense de l'être. Aussi bien l'écriture romanesque privilégie-t-elle les formes où s'inscrit le jeu du héros, journal, monologues intérieurs, discours indirect libre, et livre-t-elle passage à l'expérience de l'écrivain, à des allusions autobiographiques plus ou moins voilées[3].

II. À l'exception de *Les rapaces*, écrit dans l'exil étatsunien, et que circonscrit, par son niveau d'abstraction et de stylisation, un effet de distance et de lointain, les romans de Chauvet sont produits de l'intérieur, à même la plaie purulente et l'éclatement des structures sociales. La cruelle lucidité de l'auteur et de ses personnages ne craint pas de crever l'abcès en agitant le fond trouble, ordinairement tabou, de nos complexes d'argent, de couleur, de volonté de puissance, et de la confusion parfois incestueuse des relations. L'écriture romanesque de Chauvet, volontairement, scandalise. Elle dissipe l'aura d'espérance et d'utopie que soulèvent le lyrisme de Roumain ou l'imaginaire fortement optimiste et baroque d'Alexis. Elle ne rature ni le désespoir ni la déchéance toujours possibles.

---

romancière se manifeste dans sa pièce au titre évocateur, *La légende des fleurs*. Dans *Amour* Jean-Luze s'entoure de jeunes poètes et les héros de *Folie* sont peints à l'image des cinq poètes d'*Haïti littéraire* : Davertige, Serge Legagneur, Anthony Phelps, René Philoctète, Roland Morisseau.
3. Marie Vieux-Chauvet est née à Port-au-Prince d'une mère originaire des Iles vierges (Saint-Thomas) et d'un père haïtien. Elle s'intéresse au théâtre et à la jeune poésie. Le roman *Fonds des nègres* remporte le prix France-Antilles en 1960. Franck Laraque nous conte les déboires que connut le texte *Amour, Colère et Folie*, étouffé sous pression par les éditeurs et interdit de diffusion par la romancière ; *L'histoire de la littérature haïtienne* de Raphaël Berrou et de Pradel Pompilus (Éd. Caraïbes, Port-au-Prince, 1977) cite ce roman magistral sans dire un seul mot. Il remporte le prix Deschamps en 1986. *Les rapaces* sont publiés sous le nom de Marie Vieux. La page de garde informe le public que toute réédition se fera sous le nom de jeune fille de la romancière. Elle meurt en exil à New York, dans la misère, en 1973.

III. En même temps, à travers l'intense débat intérieur, les personnages opposent à l'opacité des rapports sociaux et à la dégradation ambiante une volonté de résistance et de lutte. Qu'il s'agisse de l'espace familial ou plus largement de l'espace social, Chauvet y campe des héroïnes révoltées, des mauvaises têtes, comme dit l'une d'entre elles, la Lotus de *Fille d'Haïti*. On comprend bien, puisqu'il s'agit d'une femme-écrivain, que la femme, assumant pleinement sa féminité, y occupe une place spéciale. L'auteur semble nous signifier, dans ses dénouements tragiques ou radieux, que la femme haïtienne est appelée à jouer un rôle unique et irremplaçable dans la construction de l'avenir. Encore faut-il qu'elle soit à même de se trouver, de se construire elle-même, de voir clair en soi, pour dénoncer ce qu'il faut pourfendre et ouvrir l'aube d'un pays nouveau, ensemencé de ses souffrances et de sa douleur.

J'ai choisi un peu arbitrairement trois héroïnes de Chauvet : Lotus, de son premier roman *Fille d'Haïti*, Claire de *Amour* et Rose de *Colère*, romans de la trilogie *Amour, Colère et Folie*. Un panorama exhaustif devrait ajouter Marie-Ange, de *Fonds des nègres* et Minette de *La danse sur le volcan*. Ces romans présentent cependant une double difficulté : l'espace de la paysannerie n'est pas connaturel à la romancière, et *Fonds des nègres*, malgré l'effort de sympathie et de compréhension qui anime et soulève parfois le texte, laisse une pénible impression d'artificiel, et pourrait être perçu comme un pâle remake des *Gouverneurs de la rosée* de Roumain ; *La danse sur le volcan* va aux sources et aux origines de nos structures sociales, langagières et personnelles, mais fait appel aux lois complexes du roman historique, puisqu'il s'agit là d'une tranche lointaine, l'époque coloniale. La modernité de Chauvet s'épanouit dans la ville contemporaine, le Port-au-Prince des années 1940 à 1980 ans (*Fille D'Haïti, Colère, Les rapaces*), ou la ville de province souchée à son arrière-pays et ouverte sur le monde, des années 30 sous Vincent (*Amour*). Et sans doute suis-je provoqué, comme tout lecteur mâle, à laisser affleurer en moi le féminin, cette part féminine de soi toujours-déjà refoulée dans l'inconscient...

**Jusqu'au tréfonds des consciences**

*Je gratte, je gratte la terre au plus profond de ses entrailles. Je fouille, je fouille, et je connais déjà l'arôme de chaude humidité des plus vieilles racines, le remugle de tout ce qui grouille autour des corps ensevelis*[4].

Les métaphores végétales qu'agite Rose marquent la mesure de la tentative de Chauvet. Il s'agit bien de fouiller au plus épais des consciences, de débroussailler pour sûr la forêt mais aussi de creuser la terre, d'aller aux racines de l'être, d'atteindre par toutes formes de songes – rêveries, rêves éveillés, visions et hallucinations, rêves du sommeil, cauchemars – les régions interdites d'où émergent ces franges de l'inconscient que troublent les pulsions primaires du désir. À un premier niveau, la conscience permet de « chercher au-dedans de moi-même, tendant les bras vers ce qui m'est cachée mais sans crainte[5] », de percevoir cette voix intérieure qui nous invite à nous réaliser nous-mêmes : « Quelle vocation m'appelle ? Comment comprendre et obéir[6]? », s'écrie Claire, et Paul : « J'aspire à me sentir un homme, un homme libre. Pas un embrigadé[7]. ». Aussi, la conscience de soi est-elle un puissant adjuvant de l'idéal, à l'image du poème de Victor Hugo qu'évoque le vieux Charles : la conscience révèle à Lotus son âme et l'empêche de tuer en soi cette merveille intérieure. Elle aide Claire, terriblement lucide sur la menace d'un effritement du soi, à « ne pas se rendre, garder la tête haute, refuser de pactiser[8] ». La conscience nous juge, comme le fait le regard d'autrui, et même la haine d'une servante peut servir à la construction de soi. Mais la plongée en soi risque aussi d'être menaçante, de nourrir la perpétuelle tension du tréfonds de l'être –l'âme « en inharmonie avec le corps[9] » – de réveiller les lourds atavismes et hérédités ancestrales, d'agiter « le tréfonds dégoûtant de chacun de nous[10] ». Du « buffet clos de la conscience[11] » et des profondeurs abyssales, émanent alors d'étranges figures du désir, qui en disent non seulement l'ambiguïté, mais l'errance, la dissémination, cette force à la fois prégnante et ouverte à tous vents et pulsions sexuelles !

---

4. Marie, Vieux-Chauvet, *Amour, Colère et Folie*, Paris, Gallimard, 1968, p. 289.
5. Marie, Vieux-Chauvet, *Fille d'Haïti*, Paris, Fasquelle, 1954, p. 66.
6. Marie, Vieux-Chauvet, *Amour, Colère et Folie*, p. 67.
7. Ibid., p. 268.
8. Ibid., p. 63.
9. Ibid., p. 95.
10. Ibid., p. 273.
11. Marie, Vieux-Chauvet, *Fille d'Haïti*, p. 49 ; *Amour, Colère et Folie*, p. 270.

L'incipit de *Fille d'Haïti* déploie une triple contradiction de l'héroïne : ce nom de fleur orientale, « peu indiqué pour une Haïtienne », lui vient de sa mère, une prostituée morte folle, sa couleur blanche de mulâtresse aux cheveux frisés désigne comme une défaillance, voire une déhiscence de l'être, et enfin la maison trop grande, avec ses arbres, dans le quartier pauvre de Bolosse, lui servira d'emblème pour une renaissance. Lotus sent peser sur elle le lourd passé de sa mère, à qui elle voue une hostilité tenace, qui s'exprime dans sa colère au souvenir d'insultes quotidiennes, comme celle de « pitit bouzen » (fille de pute). Comme elle, elle déteste les hommes, « mes pires ennemis », et dérive cependant vers la frivolité de rapports humains fortement sexualisés, alors que la misère ambiante, les cris des malheureux injustement bafoués (l'épisode du voleur de bananes battu avec sa femme lui semble emblématique de sa propre destinée), et surtout les enfants affamés qui rampent vers elle, les jeunes filles en fleur emportées par la tuberculose, lui font découvrir la pitié, et suscite le désir de servir, d'aimer les autres. À ces élans s'oppose sa différence de couleur, établie dans le contraste avec ses domestiques, l'hostilité des pauvres, et le rejet violent des mulâtres lors de la flambée de haine raciste de 1946. Comme sa mère enfin, les délires de son être profond, de son inconscient d'où surgissent des croquis aux yeux impitoyables proches des vèvès du vaudou, la vouent à des crises qui la mènent au seuil de la folie... La pulsion de mort, suicidaire, va-t-elle la conduire à sa perte ?

Les tourments angoissés de Lotus témoignent d'une quête identitaire : il lui faudra un long et douloureux parcours avant de se découvrir pleinement « Fille d'Haïti ». L'errance de Claire lui vient de son amour fou pour le mari français de sa sœur Félicia, Jean Luze. Claire porte son prénom par antonymie : noire de peau dans une famille « mulâtresses-blanches », l'aînée des sœurs Clamont assume difficilement sa couleur. La voici réduite à vivre par procuration ses fantasmes amoureux ; la plongée en soie déplie les ersatz de la vieille fille : poupée pour la mère manquée, mannequin, cartes pornographiques et livres d'initiation pour les assauts sexuels de l'imaginaire. Sa stratégie amoureuse qui consiste d'abord à interposer sa jeune sœur Annette entre Jean Luze et Felicia, pour une jouissance plus forte que l'imaginaire, échoue et conduit à un suicide manqué. En même temps, Claire observe sa ville livrée à l'oppression de Calédu, qui assouvit sa haine sur les femmes marginales de la caste mulâtre ; Calédu porte hautement son nom de commandeur (Kale di) émissaire du gouvernement Vincent pour frapper prisonniers et poètes, et mater la moyenne bourgeoisie provinciale. Claire croit lui restituer cette haine, mais l'inconscient parle à travers le rêve : ses cauchemars lui renvoient l'étreinte du tortionnaire qui l'attire et la torture « dans un spasme de voluptueuse souffrance[12] ». Une longue analepse explique la dissémination du désir et l'ampleur de sa révolte intérieure : « la male sortie » héritière d'une grand-mère noire et vodouisante et des complexes racistes ambiants, a souffert d'une éducation rigide et du fouet de son père qui a voulu la dresser en garçon pour lui confier le rôle d'intendante de la famille. La figure de Calédu s'unit à celle du père mort pour produire ce bouleversant mélange de pulsions de mort et de désir éperdu de vivre, de jouir et d'aimer.

Si l'errance de Claire peut ouvrir les portes d'une libération intérieure par l'écoute et la prise en charge des voix opprimées, la déchéance de Rose parait irrémédiable. La famille Normil est dépossédée de ses terres de Turgeau par les hommes en noir, les macoutes du gouvernement sanglant de Duvalier père : elle se départage en clans, qui évoquent de façon incertaine le non-dit de relations quasi incestueuses, pour dresser diverses stratégies de résistance. Le grand-père et son petit-fils infirme Claude se réfugient dans la légende héroïque, dans le renouvellement utopique des mythes du passé – l'ancêtre paysan dont la tombe garde l'immense jardin – qui les invitent à une résistance pure et dure, sans compromissions. Le père et sa fille Rose sont prêts au contraire à pactiser avec l'ennemi afin de récupérer ce qui peut l'être. Dans l'entre-deux, la mère délaissée et son fils Paul, balancent entre une résistance directe- la mère gravit la colline vers la forteresse inaccessible, Paul tente en vain de tuer le gorille – et les compromis de la pulsion de mort – la mère sombre dans l'alcoolisme, Paul cherche désespérément à ne pas être embrigadé parmi les macoutes en uniforme noir.

Le récit a en effet bifurqué dans sa deuxième partie vers deux longs monologues (ou le ''je'' permet une plongée intérieure), ceux de Paul et de Rose, fortement liés grâce à la crise de l'autorité parentale par des rapports eux aussi quasi incestueux. Tous les protagonistes de la famille sentent peser sur eux le regard des autres : ainsi Rose ressent-elle amèrement la

---

12. Marie, Vieux-Chauvet, *Amour, Colère et Folie*, p. 82 ; p. 145.

condamnation du grand-père pour qui chacun est redevable de ses actes, les refus de Claude qui la repousse ( « Tu ne sens plus comme les fleurs... comme les arbres »), la douleur de la mère qui sent « l'odeur de la mort sur Rose », le « regard d'une dureté effroyable » de Paul (de Rose auparavant si fière, si joyeuse et si belle, le gorille a fait une « putain-tabou » effroyablement maigre, irrémédiablement souillée), la passivité complice du père sévèrement jugée lui-même par sa maîtresse. Les relations sexuelles de Rose et du gorille sont décrites avec une précision clinique : étendue, les bras en croix sous de fortes lumières, elle permet l'assouvissement de bizarres complexes du gorille, ravi de sa « tête de sainte, de martyre vaincue ». En vain le monologue oppose-t-il une série de justifications intérieures, toutes battues en brèche. « Il a couché avec une morte », se dit Rose, mais voici en elle l'attirance de la mort, le goût de l'enfer ! Elle se vante d'émouvoir un assassin par sa douceur, mais l'alliance de termes oxymoriques ne laisse pas de l'inquiéter. Elle dénonce l'inanité de l'inconscient qui dit l'outrance du désir dans ses divagations et son errance. Ce que le texte arrive à mettre en relief dans sa cruauté clinique, c'est l'attraction du bourreau et de la victime qui fonde la complicité dans l'acte sexuel :

> « *Suis-je aussi martyre qu'il le dit et que je me le persuade ? Je devance ses désirs [...] Tu aimes ça, hein ? s'est-il écrié, alors que je me plaignais, tu aimes ça toi aussi [...] Je n'ai toujours rien répondu*[13] »

Là où la stratégie du père réussit à abattre le gorille et à récupérer l'argent des terres pour les études des jeunes à l'étranger, le récit soudain se précipite vers l'implacable dénouement : Claude et le grand-père meurent sous les balles assassines pour avoir tenté de réaliser l'utopie d'une révolte stérile : Rose meurt, car son cœur blessé a touché le fond de l'abîme.

## Une critique impitoyable

L'écriture de Chauvet n'est point innocente, ni non plus perverse. On n'y trouve aucune complaisance à décrire aussi brutalement des rapports extrêmes. En poussant ainsi à sa fine pointe l'autopsie sociale, le texte vise à dénoncer

---

13. Ibid., p. 291. Voir aussi p. 289.

l'anomie d'une situation, et c'est de la résistance active des personnages que se dégage une critique sociopolitique impitoyable.

Écriture subversive donc, et dont l'efficace atteindra de plein fouet la romancière elle-même. *Colère* se sert de puissants symboles pour signifier l'abrupte sauvagerie du duvaliérisme. Les hommes en noir portent « l'uniforme funèbre » de la mort. Leurs exactions ne se cantonnent pas aux terres et à la demeure des Normil, elles embrassent la vie entière, frappant surtout les faibles – l'affamé, le fugitif endormi – et semant partout « la strangulation de la peur » : « ils tuent pour le plaisir de tuer[14] », avoue le jeune inconnu. La forteresse, protégée par des canons, élevée sur une pente raide, obstruée par la multiplication des macoutes, isole le chef dans une lointaine distance. Enfin, le gorille aux mains velues n'est jamais nommé : il est réduit à l'animalité pure, traité de chien, de loup, dans le monologue de Rose.

Les métaphores animales s'étendent aux membres de la famille –déjà restreint à ces différents rôles : le père, la mère, le grand-père –, puisque Rose se compare à une panthère et dit des siens : « Nous faisons partie de la race des fauves et des rapaces, c'est pourquoi nous luttons cruellement contre ceux qui nous ont pris nos terres[15] ». Chauvet fera un usage plus figuratif encore de ces métaphores animales dans *Les rapaces*, où la dénonciation des rapports économiques et de la répression sous le jeanclaudisme est signifiée par rats, chats et (déjà !) petits et grands mangeurs!

La dénonciation jette des feux sur le régime prédateur pour s'élargir aux idéologies racistes qui le fondent. Le mulâtrisme est bien présenté comme un racisme, puisqu'il s'appuie sur une surévaluation fallacieuse du clan, sur l'exclusivisme et le mépris des autres. Ainsi, Lotus, revendiquant l'égalité naturelle des hommes, avoue avoir nommé autrefois le clan mulâtre « la haute société[16] », et Claire ironiquement « les ex-bourgeois-mulâtres-aristocrates[17] ». La prétendue aristocratie se délimite par fréquentations et réceptions. On peut supposer quels ravages l'exclusion opère sur les chairs et consciences, puisque

---

14. Ibid., p. 279.
15. Ibid., p. 292.
16. Marie, Vieux-Chauvet, *Fille d'Haïti*, p. 123.
17. Marie, Vieux-Chauvet, *Amour, Colère et Folie*, p. 16.

Claire détonne dans son propre univers et est instinctivement conduite à repousser les avances d'au moins trois de ses pairs. Sa libération ne commence que lorsqu'elle s'intéresse aux marginaux, rejetés du clan : Jacques le fou, Violette la prostituée, Dora violée par Calédu, Agnès l'amoureuse et Jane la fille-mère (de même Lotus se comprend à travers Nicole). Les souffrances qu'engendre ce racisme pervers et étouffant expliquent l'aliénation de Claire et Lotus, mais pavent aussi la voie de prise de conscience de la féconde révolte.

Le noirisme est bel et bien un racisme inversé, puisqu'il oppose au mépris haine et vengeance et découpe les mêmes schémas –surévaluation de caste et exclusion. *Fille d'Haïti* conduit avec courage une critique rigoureuse du dévoilement de 1946 par le racisme, en montrant comment le déferlement de haine englobe tous les mulâtres « pauvres ou riches », pratique l'exclusion (« le pays n'est plus à vous », « nous nous sentîmes comme des étrangers dans notre pays »), rejette les initiateurs du mouvement et agite la menace du « massacre des mulâtres ». À travers le personnage de Calédu et du gorille – –qu'on doit mettre sur le même plan, car Duvalier s'est proclamé héritier non seulement d'Estimé, mais aussi de Vincent à l'école duquel l'ancien ministre a beaucoup appris –, le corps féminin devient l'emblème déchiré, surinvesti, de la revanche raciale. Qu'on compare le viol de Lotus, les tortures de Calédu ou du gorille sur les corps suppliciés de Dora ou de Rose, et l'on retrouvera le même dessin de viol et de mort, par où le machisme haïtien s'articule et s'imbrique aux racismes des viscères et des tripes !

Le texte de Chauvet reporte heureusement, grâce à la désaliénation, à la prise de conscience de ses héroïnes, ces idéologies racistes vers leur base économique, vers les vrais rapports sociaux qu'elles masquent et désignent confusément. Ainsi Lotus se sait exclue des réceptions de la mulâtrerie non point seulement parce que fille d'une prostituée, mais surtout parce qu'elle ne fait pas partie des « mulâtresses riches ». Claire découvre les liens de Calédu et de l'impérialisme américain chez l'exploiteur de la paysannerie pauvre, M. Long, ainsi que la vraie oligarchie montante des débuts du siècle. *Les rapaces* ajouteront le point d'orgue en rappelant avec insistance le droit de tous, et singulièrement des pauvres, à ne pas manger le chat !

## Une libération intérieure et collective

Les romans de Chauvet, malgré la résistance des héroïnes, ne débouchent pas tous sur une expérience de libération : et pour cause, la dictature ayant duré plus de trente ans et survécu à elle-même, et le retour du fascisme étant toujours possible, en dérive du populisme par exemple. *Colère* n'ouvre sur la libération que dans le désir : ainsi la métaphore incantatoire des oiseaux du jardin, chers au cœur de Claude et que la mère contemple en divers fins de chapitres, symbole de la liberté désirée, ou la volonté bandée de Paul de faire « sa vérité ». Ailleurs cependant, les carcans sautent. Car les efforts des héroïnes s'accompagnent toujours d'une quête de l'autre, des autres voire du Tout Autre.

Ainsi, Lotus apprend de son voisin Charles, le vieux sage, et du docteur que sa mère s'est suicidée par excès, par dégoût, et découvre à la lecture de son journal quels sacrifices elle s'est imposée pour assurer à sa fille une survie économique, grâce à la construction de deux maisons, qui lui laissent les fruits des arbres et des loyers. Cette réconciliation avec soi-même approfondit l'ouverture aux autres, à la misère d'autrui, et surtout le compagnonnage de l'amour rencontré chez Georges. Cet amour ne va pas sans heurts, sans incompréhensions réciproques, mais c'est bien dans l'assomption des mêmes tâches au service d'une même cause, le mouvement initial de 1946, qu'il institue le partenariat dans l'égalité. Lotus accueille chez elle les militants, les accompagne et les sauve, est blessée par balles, toutes tâches qui l'assimilent, par des moyens féminins, à un homme au combat et lui gagnent la sympathie de ses frères. Là où elle tente d'abandonner la lutte, elle reçoit le pardon et la paix de son amant. Le sacrifice de ce dernier qui livre sa vie pour sauver une petite paysanne, indique la voie pour résoudre la contradiction essentielle économique : désormais, la maison-emblème de tous conflits deviendra la crèche de Bolosse et accueillera les orphelins. L'épilogue reprend en boucle affirmative les motifs incertains du début (« Je m'appelle Lotus »), dans le partage des biens et de la paix conquise.

L'itinéraire de Claire, plus complexe, doit être relié à la fois à la longue marche des paysans et au constat lucide que les dérives de son désir débouchent sur une impasse mortelle. Claire reconnaît avoir dupé elle-même les paysans en rabaissant indûment les prix de la récolte caféière, et retrouve ces pratiques chez l'exploitant américain, M. Long, aidé du bras armé de Calédu. Après les exactions sur le café et la coupe forcenée des arbres, les paysans pauvres sont acculés à la « traite des crève-la-faim[18] », au départ forcé vers les cannerais dominicaines. Claire a su gagner la confiance de Jean Luze : la maladie de Félicia la rend à la fois épouse et mère ! Elle détruit dérivatifs et autres exutoires. Mais la guérison de sa sœur, après ces instants de bonheur, rend plus douloureux le présent déceptif : elle se rend compte que cette expérience n'aura aussi été qu'un ersatz dont il lui faut se libérer. Les dernières pages du roman sont admirables, par la construction rapide, heurtée, frémissante du texte, sa fixation et sa concentration sur le poignard, et le montage du délire et du déchirement intérieurs : tuer Félicia, se tuer elle-même ? Retentissent alors les hurlements de la révolte paysanne contre Long, des mendiants et des militants contre Calédu qui se réfugie sous le porche de sa demeure. Claire tue Calédu et repousse doucement Jean Luze. Grâce à la terrible plongée intérieure, grâce à l'acuité de son regard sur son univers social et à sa solidarité naissante avec les souffrances de la paysannerie pauvre, la voici maintenant libre au terme d'une longue ascèse, libre pour vivre pleinement, libre pour aimer vraiment : « J'aperçois par la fenêtre les torches qui vacillent dans le vent. Les portes des maisons sont ouvertes et la ville entière, debout[19] ».

Il reste à s'interroger sur les relations des héroïnes avec le Tout autre, avec le monde divin et surnaturel. À prolonger toute la lecture théologique que fait Sandim-Fremaint de *Fille d'Haïti*. Il est vrai que les appels du tambour sont une première invitation à la fraternité. Ils doivent être reliés tant à l'éducation de Lotus par la servante qui lui tint lieu de mère qu'aux traces d'une hérédité et d'une prégnance culturelle. Ainsi se comprennent ses danses de hounsi, et surtout ses croquis –vèvès aux yeux sévères terrifiants : à travers ses hallucinations, Lotus vit ces appels et ces regards sous le mode d'un jugement de la conscience profonde, mais aussi sous le signe de la frayeur, de la terreur et de l'effroi. Ambiguïté donc du signe religieux, ici non maîtrisé ou peut-être en lui-même ambivalent. La prière au Dieu de vie et de force[20], la vision de la coupe et du cœur[21], et surtout l'expérience transformante qui s'apparente à la

---

18. Ibid., p. 155.
19. Ibid., p. 187.
20. Marie Vieux-Chauvet, *Fille d'Haïti*, p.97.
21. Ibid., p. 290.

renaissance baptismale[22], sont, elles, sans équivoque, source de profonde paix, et relèvent de l'initiation chrétienne, de même que les scansions du texte par des passages bibliques, lus ou récités par Charles ou Lotus[23]. Faut-il aller jusqu'à faire de son parcours un « itinéraire christique » ? Le texte d'*Amour* et de *Colère* trace une critique violente du religieux à travers la prédication des prêtres insistant sur la malédiction et surtout leurs infâmes accusations, assurément antiévangéliques quand on sait la prédilection de Jésus pour les exclus, contre les femmes marginalisées. Le sentiment pourtant chez les héroïnes de leurs propres limites (« brouillon que nous sommes » revient comme un refrain) inclut une référence au divin et une soif d'immortalité. Laroche, qui n'hésite pas à voir en Claire l'image mythique de la dossa, insiste sur le « scepticisme et la révolte antireligieuse », la « laïcité » de notre romancière, ce qui me paraît une lecture courte et biaisée de l'ensemble de l'œuvre. Il y a certes une évolution, non dénuée de crises et de révoltes, dans les romans de Chauvet, mais la relation au divin est autrement profonde que cette réduction laïcisante ! Il vaut mieux laisser le dernier mot à la romancière, dans *Les rapaces*, sorte de roman-testament, qui transcrit une lettre de Michel à l'héroïne Anne :

> *Dieu existe, Anne, je l'ai trouvé en moi. Je sais à présent qu'il n'est rien d'autre que la manifestation de notre plus pure essence. Mais comme il faut fouiller loin, dans notre être, pour le trouver ! Tant que nous n'aurons pas atteint, par l'effort, les limites qui nous séparent du divin, nous craindrons la mort...[24]*

Merveilleuse déclaration, et qui s'accorde au projet chauvetien plongeant dans les profondeurs de l'être !

Lire les romans de Chauvet dans l'espace du féminin exige de les situer dans le temps. Il est clair que les réactions racistes de la société haïtienne se donnent à voir autrement, après l'expérience traumatisante des Duvalier et grâce au brassage de la diaspora haïtienne ; on peut constater aujourd'hui une

---

22. Ibid., p. 98.
23. Voici les références de ces passages bibliques : pages 29 : Eph. 5, 14 ; 45 : Is. 40, 7 ; 88 : Ap. 4 ,1 sq ; 134 : Ez 16 ; 190 : 1 P.1, 22,224 : Am.9, 8-13 ; 243 : Ct. 5, 10 sq.
24. Marie, Vieux-Chauvet, *Les rapaces*, Port-au-Prince, Deschamps, 1986, p. 101.

débâcle des idéologies coloristes autrefois dominantes, mais un retour du refoulé demeure possible, ainsi que la relation trouble qu'établit Chauvet sont fortement situées, ancrées dans leur vécu quotidien et social, ce qui exclut à mon sens une lecture féministe, le féminisme se proclamant souvent dans l'abstrait et la généralisation hâtive[25]. Par contre, l'aspect extrêmement tendu et tragique du texte romanesque, son outrance quand il décrit la déchéance de Rose, me paraît autrement fécond, dans la mesure où il se fonde sur le milieu social lui-même outrancier, capable du meilleur et du pire. L'invitation au partenariat que transcrit l'itinéraire de Lotus offre une vision généreuse et exaltante. La Chauvet de la maturité, nourrie de l'expérience dure du réel, nous presse, femmes et hommes d'aujourd'hui, à découvrir que la vie, l'amour, la fraternité se livrent, comme le montre bien le critique Maximilien Laroche, au terme d'une plongée de soi, dans notre solitude abyssale, au terme d'une ascèse.

Max DOMINIQUE

---

25. On lira avec intérêt sur le thème de la féminité les articles de Yanick Lahens cités dans la bibliographie.

**Bibliographie**

BOISVERT, Jocelyne, « À propos de Marie Vieux Chauvet », *Collectif Paroles* no 3, Montréal, 1980, pp. 37-39.

LAFERRIÈRE, Dany, « Marie Chauvet : *Amour, Colère et Folie* » *Mot pour mot*. no 11, Vitry, 1983, pp. 7-10.

LAHENS, Yanick, « *Amour, Colère, Folie* de Marie Chauvet ou la ronde des signes », *Conjonction* no 172, Port-au-Prince, 1987, pp. 87-91.

LAHENS, Yanick, « Chauvet-Faulkner, un cas d'intertextualité », *Chemins Critiques*, vol II, no 2, Port-au-Prince, 1991, pp. 189-207.

LARAQUE, Franck, « Violence et sexualité dans *Colère* de Marie Chauvet », *Présence haïtienne* no 2, New York, 1975, pp. 53-56.

LAROCHE Maximilien, *Trois études sur* Folie *de Marie Chauvet*, Québec, Grelca, 1984.

---, *Le patriarche, le marron et la dossa*, Québec, Grelca, 1988.

LAROCHE Maximilien, « Carré sémiotique et quatuor érotique chez les romanciers haïtiens », Cary Hector et Hérard Jadotte (éds.), *Haïti et l'après Duvalier, continuités et ruptures*, t. I, Port-au-Prince, Deschamps/ Cidihca, 1991, pp. 339-356.

SAINDIM-FREMAINT, Pedro, « Théologie et libération dans *Fille d'Haïti* » in Claude Souffrant : *Littérature et société en Haïti*, Port-au-Prince, Deschamps, 1991, pp. 55-68.

VIEUX-CHAUVET, Marie, *Fille d'Haïti*, Paris, Fasquelle, 1954.

---, *La danse sur le volcan*, Paris, Plon, 1957.

---, *Fonds des nègres*, Port-au-Prince, Henri Deschamps, 1961.

---, *Amour, Colère et Folie*, Paris, Gallimard, 1968.

---, *Les rapaces*, Port-au-Prince, Henri Deschamps, 1986.

WIEDER, Catherine, *Eléments de psychanalyse pour le texte littéraire*, Paris, Bordas, 1988.

**Pour citer cet article :**

Max DOMINIQUE, « Héroïnes de Marie Vieux-Chauvet », Revue *Legs et Littérature*, 2016 | no. 8, pp. 73-89.

# *La Danse sur le volcan* : entre histoire, fiction et féminisme

*Yves Mozart RÉMÉUS est professeur de français et d'Analyse de textes aux Universités Quisqueya et Épiscopale d'Haïti. Il est titulaire d'une licence en enseignement secondaire, option : langues et lettres françaises, et d'une maîtrise en éducation avec une spécialité en management des organisations d'éducation à l'université Quisqueya et à l'université Paris Est Créteil. Ses intérêts portent surtout sur la relation formation et emploi et les textes de la littérature haïtienne du vingtième siècle.*

### Résumé

La danse sur le volcan *est un roman qui se déroule à la fin du dix-huitième siècle. Il relate la carrière du personnage principal, Minette, actrice affranchie remarquable par son talent. Ce roman nous montre une femme forte combattant les injustices sociales et idéologiques quitte à y laisser sa peau. Cependant, le récit fictif du parcours de Minette diffère du récit historique. Dans cette contribution, nous tâcherons de saisir les enjeux sous-tendant cette réécriture de récit de vie. Et, dans le contexte de l'histoire d'Haïti, nous essaierons de déterminer la portée idéologique que pourrait avoir ce choix de l'auteur.*

### Mots clés

*Colonisation, révolution, histoire, résistance, Saint-Domingue.*

*LA DANSE SUR LE VOLCAN* : ENTRE HISTOIRE, FICTION ET FÉMINISME

**Minette, parcours artistique d'un personnage à la frontière de la scène et de la résistance**

*La danse sur le volcan* de Chauvet met en scène la fin du dix-huitième siècle à Saint-Domingue. Ce roman décrit en toile de fond des animosités entre les colons, les affranchis et les esclaves, l'ascension sociale de la mulâtresse Minette en tant qu'actrice dramatique. Dans ce récit, Minette prend d'abord conscience de sa situation ignominieuse en tant que métisse, ensuite de sa communauté, puis des esclaves. Cela l'amène à adhérer à la conspiration et à la révolte des Affranchis et des Noirs contre les Blancs. On la voit s'unir par amour ou amitié avec des personnages historiques de la caste des mulâtres et affranchis de Saint-Domingue dont Jean-Baptiste Lapointe et Pétion.

**Récit historique de la carrière artistique de Minette**

Fouchard[1] nous présente le parcours artistique de deux sœurs, femmes de couleur, Minette, l'aînée, et Lise, la cadette. ''Comblées de dons'', elles

---

1. Jean, Fouchard, « Minette et Lise..., deux actrices de couleur sur les scènes de Saint-Domingue », *Revue d'histoire des colonies*, vol. 42, n°147, Paris, Société de l'histoire des colonies françaises, 1955, pp. 186-219.

bousculent les préjugés et sont portées par l'enthousiasme des foules subjuguées par leurs talents. Elles foulent, avec succès, les scènes des théâtres de Saint-Domingue pendant environ dix ans[2]. Elles sont métisses et grandissent à Port-au-Prince, à la rue Traversière. Madame Acquaire, une voisine qui enseigne le chant et la danse, les découvre et les initie aux arts de la scène. Minette est la plus douée des deux. Elle ne rate pas sa première montée sur scène en décembre 1780 face à une salle comble, à la Comédie de Port-au-Prince. Personne ne paraît scandaliser par sa présence sur la scène[3]. Les Acquaire et Saint-Martin, le directeur de la Comédie décident en février de l'année suivante de la lancer dans un rôle plus important, un opéra, en faisant fi des préjugés des colons ; elle a alors quatorze ans. Pour Saint-Martin « la gageure ne manque pas d'audace (…). Mais les risques semblent fondre devant cette enfant brune dont la jeune grâce et les talents (…) doivent[4] aisément dompter et vaincre ».[5] Au faîte de la renommée, Minette joue devant le prince Guillaume Henri, duc de Lancaster, au Cap.[6] Elle refuse, par contre, de jouer dans les pièces locales parce qu'elle les juge éphémères, banales et en créole.[7] « Le français lui semble le symbole du bon ton (…) et de l'élégance »[8] Le nom de Minette figure dans les journaux pour la dernière fois, le 4 octobre 1789, pour la représentation d'une pièce écrite par Charles Mozard.[9]

**Des divergences entre le récit historique et fictif**

L'article de Fouchard et le roman de Chauvet sont publiés à deux ans d'intervalle. Le récit fictif n'adopte pas cependant les mêmes points de vue que la narration historique. Cette réécriture n'est pas fortuite[10]. Un parti-pris

---

2. Ibid., p. 186.
3. Ibid., p. 189.
4. Pour des raisons de conjugaison les verbes des extraits de l'article de J. Fouchard sont mis au présent ici dans le texte.
5. Ibid., p. 190.
6. Ibid., p. 199.
7. Ibid., pp. 199-200.
8. Ibid., p. 200.
9. Ibid., p. 214.
10. Barthes faisait remarquer qu' « un récit n'est jamais fait que de fonctions : tout, à des degrés divers, y signifie. ». Voir Roland, Barthes, « Introduction à l'analyse structurale des récits », *Communications, vol. 8, n° 1, Recherches sémiologiques : L'analyse structurale du récit*, Paris, Seuil, 1966, p. 7.

qui s'apparie à cette position de Sartre : « l'écrivain "engagé" (…) a abandonné le rêve impossible de faire une peinture impartiale de la Société et de la condition humaine ».[11]

La comédienne fictive, à la différence du personnage historique, est consciente qu'elle peut se servir de l'art comme d'une arme. Lors de sa première sur scène, elle réussit à vaincre son tract, en s'appuyant sur l'opinion qu'elle partage avec le personnage Joseph sur l'importance de sa présence sur scène. Elle ne fait pas que jouer, elle investit également la scène pour combattre les injustices sociales faites aux Mulâtres et in fine aux Noirs. Le public blanc en venant la voir étrille leurs positions idéologiques. Elle est talentueuse et en le concédant ils admettent inconsciemment, sans doute, que leurs préjugés sur l'infériorité des Mulâtres et des Noirs sont infondés.[12] La Minette que nous décrit Fouchard refuse de jouer dans les pièces locales autant que celle de Chauvet mais pas pour les mêmes raisons. La première réprouve les pièces locales en raison notamment qu'on y parle créole. La seconde fonde sa position sur son respect de la dignité des Noirs. Ce n'est pas la langue du théâtre qui la rebute mais le fait qu'il met en scène des bouffonneries sur les nègres.

La distance que prend l'auteur dans son roman vis-à-vis des récits historiques se traduit par une image plus positive de la femme et des métis. Pour s'en convaincre, on abordera dans un premier temps, la place faite à ces deux groupes dans *Manuel d'histoire d'Haïti* de Dorsainvil entre la fin des 15ᵉ et 18ᵉ siècles, puis, on considérera succinctement l'histoire du féminisme ainsi que la présence des discours féministes en littérature. Enfin, on se penchera sur la signification à déduire du rapport entre certaines unités[13] du récit de Chauvet entre elles.

---

11. Jean-Paul, Sartre, *Situations II, Littérature et engagement*, Paris, Gallimard, 1948, p. 73.
12. L'art, tout armé qu'il peut être en dévoilant des états occultés du monde, atteint son but que s'il est soumis à l'appréciation d'un public. Sartre déclare tout à propos qu' « il n'y a d'art que pour et par autrui ». Ibid., p. 93.
13. On entend « unités du récit » dans le sens où Barthes disait que l'art est un système pur où il n'y a jamais d'unité perdue, dans un récit tout élément a une fonction et, en conséquence, est à considérer comme une unité de contenu (voir Barthes, op. cit., p. 7). Pour Hamon : « la « signification » d'un personnage (…) ne se constitue (…) que par différence vis-à-vis des signes de même niveau du même système, que par son insertion dans le système global de l'œuvre. » Voir Philippe, Hamon, « Pour un statut sémiologique du personnage », *Littérature*, n°6, Paris, Larousse, 1972, p. 99.

## Les femmes, les métis et les affranchis selon la perspective de *Manuel d'histoire d'Haïti* entre la fin des 15ᵉ et 18ᵉ siècles

Le manuel de Dorsainvil est le livre de base d'enseignement de l'histoire à l'école classique, surtout en classe primaire, en Haïti entre des années 1930 à 1990.[14] Nous concédons que ce seul livre sur l'histoire d'Haïti ne permet pas de cerner l'image globale des affranchis et des métis à travers l'Histoire. Cependant, cet ouvrage sans représenter l'ensemble des perspectives sur la constitution de la nation haïtienne a forgé les conceptions de l'histoire nationale de plusieurs générations de scolarisés sur plus d'un demi-siècle. Quelle place fait-il aux femmes et aux métis ?

Le début de la colonisation des îles d'Haïti à l'arrivée de la première commission civile à Saint-Domingue, soit de la fin du quinzième siècle à la fin du dix-huitième siècle, est abordé dans les sept premiers chapitres. L'histoire de peuplement des îles d'Haïti, puis de sa partie occidentale, au cours de cette période n'évoque que très peu de femmes. Et celles retenues ne sont pas toujours influentes. Citons-les comme le manuel les présentent : les reines Anacaona et Isabelle la Catholique, la jeune femme d'Henri, Jeanne la folle, fille unique de Ferdinand et d'Isabelle.

La période comprise entre le premier quart du dix-septième siècle et la seconde moitié du dix-huitième siècle ne mentionne aucune femme. On en parle finalement à la manière d'un connecteur logique. Sans évoquer la femme, il aurait été impossible d'expliquer au lecteur l'origine des affranchis. Ainsi on apprend que « sans pudeur, le maître blanc abusa fréquemment de son droit de propriété sur les esclaves de sexe faible. De ce débordement de sensualité sortit le mulâtre[15] de Saint-Domingue ».[16]

---

14. Jacques, Cauna, « Bibliographie historique haïtienne 1980-1986 (période coloniale et révolutionnaire) », *Revue française d'histoire d'outre-mer*, tome 74, n° 276, 3ᵉ trimestre, Économie et société des Caraïbes XVII-XIXᵉ s. (2ᵉ partie), Paris, SFHOM, 1987, p. 345.
15. Le métissage qu'a occasionné la rencontre entre des ethnies différentes, en Amérique, à l'époque coloniale est beaucoup plus complexe. Le courant iconographique de peinture de castes apparu au Mexique au 18ᵉ siècle aborde ce thème et illustre à travers maints tableaux les différents types de métis établis par la classification raciale des colons. Une de ces peintures : « De española y negro : mulata », par exemple, présente une famille formée d'un Noir, d'une Espagnole et de leur enfant métis. Voir Efraín Castro, Morales, « Los cuadros de castas de la

On découvre très peu de choses sur les affranchis. Sinon qu'avant 1789, s'il arrive à des métis et Noirs libres d'être riches et éduqués, ils ne jouissent d'aucun droit politique.[17] Profitant des temps nouveaux induits par la Révolution française, ceux-ci se soulèvent contre l'ordre établi. Pendant que les actions des Noirs, de la révolution à l'indépendance, sont abordées sur huit chapitres. La question des métis et des affranchis est spécifiquement traitée seulement au chapitre sept sur sept pages.

La description élogieuse de la carrière de Minette et de Lise esquissée par Fouchard et l'importance que ces deux femmes ont dû avoir à Saint-Domingue, et plusieurs de leurs congénères, tranchent avec le peu de place accordée à l'histoire des métis dans le manuel de Dorsainvil. C'est peut-être contre cette conception de l'histoire haïtienne et de la Révolution saint-dominguoise que Lespinasse[18] réagit en écrivant « deux faits dominent, comme deux pivots sur lesquels tourne l'histoire de cette révolution : c'est d'abord l'esprit de liberté que l'homme de couleur a inculqué au noir ; ensuite, l'esprit d'indépendance que le noir a inculqué à l'homme de couleur ».

**Roman historique entre idéologie et réécriture**

Le roman est un récit fictif. Pendant que « l'histoire est un roman vrai ».[19] Si l'Histoire prétend à la vérité, il n'en demeure pas moins qu'elle est racontée selon des perspectives propres à une époque où à un historien. En ce sens Veyne[20] déclare que « l'Histoire avec une majuscule n'existe pas : il n'existe

---

Nueva España », *Jahrbuch für Geschichte von Staat, Wirtschaft und Gesellschaft Lateinamerikas*, Niehler Straße, Böhlau Verlag, 1983, p. 683. Voir aussi sur ce sujet Jérôme, Monnet, « Dissociation et imbrication du formel et de l'informel : une matrice coloniale américaine », *Espaces et sociétés*, n° 143, Paris, Eres, 2010, pp. 13-29.
16. Justin-Chrysostome, Dorsainvil et FIC, *Manuel d'histoire d'Haïti*, Port-au-Prince, FIC, 1934, p. 43.
17. Ibid., p. 59.
18. Beauvais, Lespinasse, *Histoire des affranchis de Saint-Domingue*, Tome 1, Paris, Kugelmann, 1882, pp. 14-15.
19. Paul, Veyne, *Comment on écrit l'histoire, Essai d'épistémologie*, Collection l'Univers historique, Paris, Seuil, 1971, p. 10.
20. Ibid., p. 37.

que des 'histoire de... ' ».

Le roman historique comme genre n'est pas admis par tous les critiques. Certains y voient un genre « faux ».[21] L'écrivain argentin, Andres Rivera[22], de son vrai nom Marcos Ribak, que la critique considère comme un auteur de roman historique, affirme qu'il n'en est rien, qu'il n'écrit que des romans. N'a-t-il pas raison ? Un roman peut-il être historique ? Il est un fait, par contre, des romans empruntent leur intrigue à l'histoire.

Pour Thériault, cité par Poulieau[23], « le roman historique emprunte ses personnages à l'histoire et leur invente un destin neuf, ou bien emprunte des faits à l'histoire et modifie les personnages ». La fiction qui emprunte ses éléments à l'histoire, change les destins, redessine les frontières et les rapports de force.

La transformation des faits historiques opérée dans les romans visent souvent à se servir de « la fiction pour parvenir à la connaissance de la réalité ».[24] À ce titre, ces romans « régénèrent de larges pans de l'Histoire d'hier et visent à faire renaître de leurs cendres ceux et celles que l'Histoire officielle a oubliés parce qu'ils n'ont pas participé à des faits d'armes légitimés par les institutions politiques ».[25]

Au final, « ce n'est pas le contenu littéral d'un texte qui permet de le ranger plutôt du côté du réel ou plutôt du côté de la fiction : c'est l'intention de l'auteur et de ses lecteurs ou auditeurs, ce qu'on pourrait appeler la typologie

---

21. André, Daspré, « Le roman historique et l'histoire », *Revue d'histoire littéraire de la France*, vol. 75, n° 2-3, Paris, Armand Colin, 1975, p. 235.
22. Marina, Letourneur, *L'histoire dans l'œuvre d'Andrés Rivera : écriture, réécriture et manipulation.* Thèse de doctorat, [En ligne], URL : <http://www.theses.fr/2015ANGE0008/document>, Nantes, Université Nantes Angers, Le Mans, 2015, p, 14, consulté le 29 juillet 2016.
23. Suzanne, Pouliot, « Le roman historique : lieu idéologique et identitaire » *Lurelu*, vol. 18, n° 3, Montréal, Association Lurelu, 1996, p. 6.
24. Jacques, Bouveresse, « Y a-t-il une épistémologie de la connaissance littéraire – Et peut-il y en avoir une ? », *Narrative Works*, vol. 5, n° 1, Fredericton, Electronic Text Centre, University of New Brunswick, 2015, p. 131.
25. Suzanne, Pouliot, op. cit. p. 9.
26. Jean, Molino, « Qu'est-ce que le roman historique ? », *Revue d'histoire littéraire de la France*, vol. 75, n° 2-3, Paris, Armand Colin, 1975, p. 204.

pragmatique du récit ».[26]

**La littérature, un des vecteurs du féminisme**

*La danse sur le volcan* est une danse de femmes. Les personnages féminins y tiennent les premiers rôles. Pour mettre en perspective ce qu'une telle abondance peut avoir de subversif, il importe de questionner le rapport entre l'homme et la femme à travers l'histoire.

> *La civilisation de la première antiquité qui, (...) fut en Égypte comme en Crète, en Ibérie comme dans les steppes du Turkestan, une civilisation féministe, s'était effacée peu à peu devant celle des Sémites et des peuples du Nord, apportant avec eux le régime patriarcal et, dans leurs croyances religieuses ou morales, le dogme de l'infériorité de la femme.*[27]

Une fois que la femme a été exclue des sphères du pouvoir, elle est devenue une figure vide, à qui l'homme donne un sens et une destinée. Dès lors, la femme passe pour un être faible et fragile psychologiquement qu'il faut « ordonner » et maintenir sous l'obédience de « la protection du mâle, dans la figure du père, du frère, du compagnon, du mari ou du fils ».[28]

En réaction à cette situation, le féminisme, conçu en tant que mouvement politique et social d'émancipation des femmes a pour objectif de combattre les discriminations en raison du sexe. En d'autres termes, il revendique que les femmes puissent recevoir les mêmes considérations, à pouvoir prétendre aux mêmes fonctions socioprofessionnelles que les hommes et que leurs productions soient reçues à leur juste valeur.[29]

C'est à juste titre qu'il est permis de penser que l'acte que pose une femme en

---

27. Léon, Abensour, *Histoire générale du féminisme, Des origines à nos jours*, Paris, Delagrave, 1921, p. 81.
28. Catalina Sagarra, Martin, « L'éternel féminin ou la construction de l'altérité féminine », *El texto como encrucijada : estudios franceses y francófonos*, Logroño, Universidad de La Rioja, 2004, p. 769.
29. Denisa-Adriana, Oprea, « Du féminisme (de la troisième vague) et du postmoderne », *Recherches féministes*, vol. 21, n° 2, Québec, GREMF, 2008, p. 7.
30. Béatrice, Slama, « De la « littérature féminine » à « l'écrire-femme » : différence et institution », *Littérature*, vol. 44, n° 4, Paris, Larousse, 1981, p. 63.

prenant la parole dans la sphère publique ou en écrivant est, au possible, un acte subversif.[30] Il est opportun également de noter qu'en littérature, depuis une longue tradition remontant au moins au dix-huitième siècle, l'héroïne est rarement titulaire de sa vie.[31] Pour cause dans les discours sociaux, occidentaux tout au moins, les hommes seraient pourvus de plus de raison que les femmes. Ce que ne manque pas de souligner Korsmeyer[32] quand elle écrit :

> *reason is traditionally designated the faculty of the mind that distinguishes human from nonhuman activity. [...] And yet: different degrees of reason are frequently invoked to account for social difference and for what, in certain periods of history, is considered to be a "natural" superiority of some people over others, a superiority of mind and temperament that validates hierarchies of power, education, and rank. [...] Such rationales are consistently and systematically invoked to describe gender difference in social roles and abilities; for in numerous theoretical contexts reason is considered the chief trait that elevates male over female within our species.*

En conséquence, mettre en scène autant de femmes jouant à armes égales avec des hommes ne va pas de soi. Que cette parole dérangeante s'exprime par la littérature n'est pas inopportune. À ce propos, Peter Bary[33] relève :

> *The feminist literary criticism of today is the direct product of the 'women's movement' of the 1960s. This movement was, in important ways, literary from the start, in the sense that it realised the significance of the images of women promulgated by literature, and saw it as vital to combat them and question their authority and their coherence. In this sense the women's movement has always been crucially concerned with books and literature, [...].*

---

31. Naomi, Schor, « "Une Vie" / Des vides, ou le nom de la mère », *Littérature*, n°26, Paris, Larousse, 1977, p. 53.
32. Carolyn, Korsmeyer, *Gender and aesthetics: an introduction*, New York, Psychology Press, 2004, p. 10.
33. Peter, Barry, [1995], *Beginning theory: An introduction to literary and cultural theory*, Manchester, Manchester University Press, 2002, p. 121.

Le roman de Chauvet ne vise donc pas seulement à témoigner mais à transformer le monde (…) [dans le sens où] l'artiste (…) [prend] parti.[34]

**Au commencement, il y avait la femme...**

Dans ce roman, entre plusieurs éléments, deux méritent notre attention, le premier, le rapport que les femmes entretiennent avec les hommes, le second, leur implication politique.

Les femmes prennent leurs décisions en fonction de ce qu'elles croient être juste sans attendre l'approbation d'un homme, qu'il puisse être le frère, le mari ou l'amant. Par exemple, Minette décide seule de partir pour l'Arcahaie afin de répondre à l'invitation de Lapointe. Elle n'informe pas plus sa mère, sa sœur, Lise ou Joseph, qu'elle considère comme un grand frère, du motif réel de son voyage. Cette destination inquiète Joseph car il sait que Lapointe vit à Arcahaie et qu'il ne laisse pas Minette indifférente. Malgré son estime pour Joseph, les craintes de celui-ci ne l'amènent pas à abandonner son voyage. Elle concède tout au plus à le rassurer quitte à lui signifier dans le même temps qu'elle est assez grande pour prendre ses décisions hors tutelle. Et le lui fait savoir : « Joseph, je t'aime beaucoup, tu le sais. Tu es mon frère. Mais j'aurai dix-sept ans bientôt et je ne puis permettre même à mon frère de me brimer. Je t'ai promis que rien ni personne ne me perdrait, je tiendrai ma parole ».[35]

De son côté, Mme Acquaire décide seule aussi, en l'absence de son mari de donner des leçons de chant gratuitement à Minette et Lise sous son toit parce que cela lui plaît.[36] Ce sera encore elle qui, pour sauver le couple, acculé par les dettes et les pertes continuelles d'argent au jeu par Acquaire, conçoit le projet de faire monter Minette sur scène, en dépit de l'opposition de ce dernier.[37]

En général, les personnages féminins dans *La danse sur le volcan* font des choix de vie différents de ceux de leurs hommes et ne dépendent pas d'eux. À

---

34. Jacques Stephen, Alexis, « Prolégomènes à un manifeste du réalisme merveilleux des Haïtiens », Présence Africaine, n° 8-9-10, Paris, *Présence africaine*, 1956, p. 247.
35. Marie, Vieux-Chauvet, *La danse sur le volcan*, [1957], Port-au-Prince, Presses de l'Imprimeur, 2016, p. 175.
36. Ibid., p. 33.

rebours d'une image courante en littérature de voir une femme connaître un destin radieux grâce à un homme.

Cette indépendance touche tous les aspects de leur vie. Ainsi, Minette n'a cure de la passion qu'elle provoque chez Goulard, tout blanc qu'il est. Car à cette période de sa vie elle « n'aimait personne et se sentait étrangement indépendante et coquette. [Elle s'est dite qu'] elle n'irait pas s'embarrasser d'un sentiment aussi gênant, aussi accaparant (…) ».[38]

Toutefois, Minette finit par flirter avec Goulard. Elle l'embrasse le soir du bal qui succède à la représentation donnée en l'honneur du duc de Lancaster. Elle participe à cet événement pour la première fois car ces bals étaient interdits aux gens de couleur. Elle devait cette satisfaction au duc qui l'y avait invitée sans égard pour l'interdit qui affectait les gens de sa caste. Ce soir, pourtant, touchée par un Goulard passionné, elle demande au prince de partir et « elle embrassa Goulard sous un amandier isolé (…) et plaquée contre lui, les bras autour de son cou, la bouche offerte lui jura qu'il était le premier homme qui la tenait dans ses bras ».[39] Pour le coup, l'archétype littéraire du prince qui s'éclipse avec la belle a du plomb dans l'aile, ici, il semble que c'est la belle qui conquiert le beau et le rassure ne pas être une mangeuse d'hommes.

Lorsque plus tard, Goulard se montre jaloux pour l'avoir vue monter dans le carrosse de M. de Caradeux[40], douter de son honnêteté, elle ne juge pas nécessaire de le convaincre qu'il se trompe en lui expliquant les louables raisons pour lesquelles elle y était montée. Elle lui rétorque simplement qu'elle est honnête à ses yeux.[41]

Elle part pour l'Arcahaie brouillée avec Goulard. Là-bas, elle et Lapointe devinrent amants et passionnément amoureux. Elle décide finalement de rentrer à Port-au-Prince car le théâtre la rappelle. Son amant panique face à cette décision. Minette ne change pas d'avis pour autant. Elle tente de le raisonner en lui disant « mais on se retrouvera. La vie ne s'arrête pas ».[42]

---

37. Ibid., pp. 43-44.
38. Ibid., p. 84.
39. Ibid., p. 163.
40. Ibid., pp. 144-145.
41. Ibid., p. 163.

Lapointe, qui a du mal à s'y résoudre, lui propose le mariage en échange si elle accepte de renoncer à sa vie et à sa carrière à Port-au-Prince. À cela, elle rétorque : « Jean, ma carrière fait aussi partie de ma vie ».[43] Elle laissera Lapointe, à son départ de l'Arcahaie, désorienté, au bord de la déprime. Enfin, Magdeleine Brousse, une des comédiennes de la même troupe que Minette, pour qui la vie est une belle garce, lui fait cette confidence : « moi je tâche de l'oublier en couchant avec tous ceux qui me plaisent. C'est la seule façon de vieillir et de mourir sans remords ».[44] Tout de suite après, elle décide sans hésiter d'aller l'oublier dans les bras d'un jeune officier qui l'appelait.

Les femmes dans leur implication politique contre les injustices politiques et sociales semblent disposer d'une palette d'armes naturelles infinies. Et les blanches de désespérer face à ces femmes de couleur « trop convoitées par leurs amants ou par leurs maris ».[45] Nicolette imbattable sur ce terrain apporte son aide[46] à Minette pour œuvrer à faire libérer Joseph Ogé enfermé par Caradeux pour avoir caché un esclave chez lui.[47] Joseph ne recouvrera finalement sa liberté qu'à la faveur des actions conjuguées de Minette, Nicolette et Céliane de Caradeux.[48] Dotées de sensualité, de placidité et d'intuition remarquables, les femmes se défendent contre toute forme de dictat,[49] recrutent des résistants,[50] organisent des réunions secrètes chez elles,[51] jouent de leurs corps pour protéger les rebelles,[52] risquent leurs libertés et leurs vies pour secourir des esclaves en fuite.[53]

**Conclusion**

La Minette de fiction est une femme combative. Elle met son art et son talent au service de la cause révolutionnaire. L'artiste se bat farouchement contre les

---

42. Ibid., p. 242.
43. Ibid., p. 242
44. Ibid., p. 259.
45. Ibid., p. 16.
46. Ibid., p. 246.
47. Ibid., pp. 247-249.
48. Ibid., p. 260.
49. Ibid., pp. 267-268.
50. Ibid., pp. 103-107.
51. Ibid., pp. 141-144.
52. Ibid., p. 273.
53. Ibid., pp. 251-254.

injustices qui lui sont faites dans le milieu théâtral à cause de ses origines. Elle utilise parallèlement la position privilégiée que lui offre sa carrière pour défendre habilement la cause des mulâtres et des Noirs et prendre part à la résistance contre le système colonial. Le récit romanesque s'écarte par ailleurs de ce que montre, par exemple, le manuel d'histoire de Dorsainvil qui donne le sentiment d'occulter la présence des femmes sur la scène coloniale et de minimiser le mouvement de protestations des mulâtres. Le roman de Chauvet en cela respecte les codes du roman historique en donnant un nouveau destin à des personnages historiques ayant existés.

*La danse sur le volcan* met en relief le non-conformisme des figures féminines représentées. On suggère que ce roman questionne, d'une part, la présence de peu de – grandes – figures féminines dans les récits d'histoire d'Haïti, et d'autre part, met en perspective leur apport probablement considérable aux victoires de la guerre de l'indépendance. Loin des étiquettes de sexe faible et d'êtres inconséquents, les personnages féminins de ce roman sont des êtres conscients, avec leurs rêves, leurs projets de vie et leurs contradictions. Somme toute, Chauvet réussit à camper en Minette une figure mythique capable d'évoluer de sa condition de femme de couleur sans histoire « pour s'élever au-dessus de ses petites ambitions personnelles et s'identifier à quelque chose de plus grand [...] au genre humain dans sa globalité. »[54]

Yves Mozart RÉMÉUS, M.A.

---

54. Trumbo cité par Natalie Zemon, Davis, « Un débat en coulisses. Trumbo, Kubrick et la dimension historique de Spartacus, 1960 », *Actes de la recherche en sciences sociales*, n° 161-162, Paris, Seuil, 2006, p. 91.

## Bibliographie

ABENSOUR, Léon, *Histoire générale du féminisme. Des origines à nos jours*, Paris, Delagrave, 1921.

ALEXIS, Jacques Stephen, « Prolégomènes à un manifeste du réalisme merveilleux des Haïtiens », *Présence Africaine*, n° 8-9-10, Paris, Présence africaine, 1956, pp. 245-271.

BARRY, Peter, [1995], *Beginning Theory: An Introduction to Literary and Cultural Theory*, Manchester, Manchester University Press, 2002.

BARTHES, Roland, « Introduction à l'analyse structurale des récits », *Communications*, vol. 8, n° 1, Recherches sémiologiques : L'analyse structurale du récit, Paris, Seuil, 1966, pp. 1-27.

BOUVERESSE, Jacques, « Y a-t-il une épistémologie de la connaissance littéraire – Et peut-il y en avoir une ? », *Narrative Works*, vol. 5, n° 1, Fredericton, Electronic Text Centre, University of New Brunswick, 2015, pp. 123-152.

CAUNA, Jacques, « Bibliographie historique haïtienne 1980-1986 (période coloniale et révolutionnaire) », *Revue française d'histoire d'outre-mer*, tome 74, n° 276, 3ᵉ trimestre, Economie et société des Caraïbes XVII-XIXᵉ s. (2ᵉ partie), Paris, Société française d'histoire d'outre-mer (SFHOM) 1987, pp. 333-1987.

DASPRE, André, « Le roman historique et l'histoire », *Revue d'histoire littéraire de la France*, vol. 75, n° 2-3, Paris, Armand Colin, 1975, pp. 235-244.

DAVIS, Natalie Zemon, « Un débat en coulisses. Trumbo, Kubrick et la dimension historique de Spartacus, 1960 », *Actes de la recherche en sciences sociales*, n° 161-162, Paris, Seuil, 2006, pp. 80-95.

DORSAINVIL, Justin-Chrysostome et FIC, *Manuel d'histoire d'Haïti*. Port-au-Prince, Frères de l'instruction chrétienne, 1934.

FOUCHARD, Jean, « Minette et Lise..., deux actrices de couleur sur les scènes de Saint-Domingue », *Revue d'histoire des colonies,* vol. 42, n°147, Paris, Société de l'histoire des colonies françaises, 1955, pp. 186-219.

HAMON, Philippe, « Pour un statut sémiologique du personnage », *Littérature*, n° 6, Paris, Larousse, 1972, pp. 86-110.

KORSMEYER, Carolyn, *Gender and Aesthetics: An Introduction*, New York, Psychology Press, 2004.

LESPINASSE, Beauvais, *Histoire des affranchis de Saint-Domingue*, Tome 1, Paris, Kugelmann, 1882.

LETOURNEUR, Marina, *L'histoire dans l'œuvre d'Andrés Rivera : écriture, réécriture et manipulation*, Thèse de doctorat, [En ligne], URL : http://www.theses.fr/2015ANGE0008/document, Nantes, Université Nantes Angers, Le Mans, 2015, Consulté le 29 juillet 2016.

MARTIN, Catalina Sagarra, « L'éternel féminin ou la construction de l'altérité féminine », *El texto como encrucijada : estudios franceses y francófonos, Logroño*, Universidad de La Rioja, 2004.

MOLINO, Jean, « Qu'est-ce que le roman historique ? », *Revue d'histoire littéraire de la France*, vol. 75, n° 2-3, Paris, Armand Colin, 1975, pp. 195-234.

MORALES, Efraín Castro, « Los cuadros de castas de la Nueva España », *Jahrbuch für Geschichte von Staat, Wirtschaft und Gesellschaft Lateinamerikas*, Niehler Straße, Böhlau Verlag, 1983, pp. 671-690.

OPREA, Denisa-Adriana, « Du féminisme (de la troisième vague) et du postmoderne », *Recherches féministes*, vol. 21, n° 2, Québec, Groupe de recherche multidisciplinaire féministe (GREMF), 2008, pp. 5-28.

POULIOT, Suzanne, « Le roman historique : lieu idéologique et identitaire », *Lurelu*, vol. 18, n° 3, Montréal, Association Lurelu, 1996, pp. 6-11.

SAINT-MARTIN, Lori, « Critique littéraire et féminisme : par où commencer ? », *Québec français,* n° 56, Québec, Association québécoise des professeurs de français (AQPF), 1984, pp. 26-27.

SCHOR, Naomi, « "Une Vie" / Des vides, ou le nom de la mère », *Littérature,* n°26, Paris, Larousse, 1977, pp. 51-71.

SARTRE, Jean-Paul, *Situations, II. Littérature et engagement,* Paris, Gallimard, 1948.

SLAMA, Béatrice, « De la « littérature féminine » à « l'écrire-femme » : différence et institution », *Littérature,* vol. 44, n° 4, Paris, Larousse, 1981. pp. 51-71.

VEYNE, Paul, *Comment on écrit l'histoire. Essai d'épistémologie,* Collection l'Univers historique, Paris, Seuil, 1971.

VIEUX-CHAUVET, Marie, *La danse sur le volcan* [1957], Port-au-Prince, Presses de l'Imprimeur, 2016.

**Pour citer cet article :**

Yves Mozart RÉMÉUS, «*La danse sur le volcan* : entre histoire, fiction et féminisme», *Revue Legs et Littérature,* 2016 | no. 8, pp. 91-107.

# La maison: lieu de refuge et de combat dans l'œuvre de Marie Vieux-Chauvet

Jean James Estépha a étudié les Lettres Modernes à l'École Normale Supérieure de l'Université d'État d'Haïti. Membre de l'Association Legs et de Littérature (Alel), il est détenteur d'un Master I en Sciences du langage (Lettres, langues, cultures et civilisations) avec la mention FLE (Français Langue Étrangère) de l'Université des Antilles et de la Guyane (UAG). Professeur de littérature, il s'intéresse particulièrement à la question des rapports entre la littérature haïtienne et son cinéma. Actuellement, il travaille sur la question du handicap en milieu scolaire pour son Master en Sciences de l'éducation dans le cadre d'un programme mis sur pied par l'École Normale Supérieure en partenariat avec l'Université du Québec à Chicoutimi.

**Résumé**

La maison comme espace romanesque renvoie à priori aux notions de l'enfermement, la lâcheté, le repli sur soi, la passivité ou l'inactivité. Or, Marie Vieux-Chauvet a su utiliser ce lieu dans plusieurs de ces textes comme lieu de combat, de résistance, de planification. Une telle utilisation démontre une dimension originale de l'œuvre de cette auteure mais aussi comment la maison peut servir de lieu de départ de la révolte. Plus encore, avec Marie Vieux-Chauvet, la maison demeure un lieu de refuge aux multiples facettes. Comment l'auteure a-t-elle pu alterner ces deux facettes apparemment contradictoires de la maison, est la question qui nous a guidé dans cette lecture de trois des récits de Marie Vieux-Chauvet.

**Mots clés**

Combat, révolte, refuge, liberté.

## LA MAISON : LIEU DE REFUGE ET DE COMBAT DANS L'ŒUVRE DE MARIE VIEUX-CHAUVET

Évidemment, dans l'histoire d'Haïti, 1915 a eu beaucoup plus d'écho que l'année suivante qui a vu naître Marie Vieux-Chauvet, cette romancière longtemps méconnue, mal connue et peu lue dans son propre pays. Cependant, 2016, année de grande diffusion de ses œuvres, est de loin plus glorieuse que l'année qui l'a précédée si l'on considère que 2015 est un centenaire de la honte. Mais la lecture de ses œuvres est cet acte qui doit rendre les textes encore plus vivants et le lecteur plus joyeux. Parlant de lecture, le lecteur des récits de Marie Vieux-Chauvet ne saurait ne pas remarquer la récurrence d'un certain nombre de thématiques dans l'ensemble de sa production. Ces thèmes qui sonnent comme une évidence au fil des pages lues accentuent les préoccupations majeures de l'auteur dans ses dimensions : citoyenne, écrivaine et humaine.

Au-delà des thématiques interpellatrices traitées dans ses différents textes, Marie Vieux-Chauvet utilise un lieu, un espace, un univers assez commun qui est à priori banal. Il s'agit de la maison. Pourtant, le symbolisme de ce lieu apparemment ordinaire s'érige en un haut lieu de combat quand il cesse d'être un refuge nécessaire pour les personnages. Comment ce lieu est-il utilisé dans les récits de l'auteure ? Comment participe-t-il dans la construction de l'œuvre ? Son utilisation répond-elle à une nécessité esthétique ou militante ou les deux à la fois ? En quoi sa présence est différente des autres lieux utilisés dans son œuvre? Est-il le seul lieu de refuge et de combat utilisé dans l'œuvre ? Voyons comment une maison peut être non seulement le lieu où l'on construit une œuvre mais aussi le lieu où l'on peut détruire une autre (d'une autre nature) à travers les récits : *Amour, Folie* et *Les rapaces*.

**La chambre, lieu de refuge et de liberté**

Avoir la maison, en particulier la chambre, comme cadre spatial principal dans un roman n'a rien d'extraordinaire si l'on considère cet espace comme le lieu naturel de sa rédaction et un lieu très utilisé dans une multitude de romans. Cependant, force est de constater que l'utilisation faite de cet espace dans les romans *Amour, Folie* et *Les rapaces* va au-delà du sens commun et de la tradition parce que chez Vieux-Chauvet, la maison est d'abord et avant tout un lieu de refuge. Un lieu de refuge pour se cacher, se protéger et surtout se libérer. C'est ce que l'on peut observer dans le roman *Amour* à travers le personnage principal Claire Clamont :

> *[...] Ma chambre est fermée à double tour et je garde la clef dans ma poche. Je n'y reçois personne, pas même mes sœurs. J'ai caché tout même, par mesure de prudence, sous mon lit, les romans d'amour que je dévore et les cartes postales pornographiques que m'avait vendues, un soir, au coin d'une rue déserte, un jeune homme louche à lunettes, fraîchement débarqué de Port-au-Prince et qui avait heureusement disparu sans laisser de traces[1].*

Il faut noter que le personnage a acheté des images pornographiques dans une rue que l'auteur a pris le soin de rendre déserte afin qu'elle conserve une intimité proche de la chambre de ce dernier. Mais cette même idée de cachette se retrouve à travers le roman *Folie*, dont une bonne partie du récit se passe quasiment dans une maison close. Plus que tout, la chambre est une cachette protectrice: « Des balles sifflant à mes oreilles me firent rapidement rentrer la tête et refermer la porte[2] ».

---

1. Marie Vieux-Chauvet, *Amour, Colère et Folie*, Paris, Zulma, 2015, p. 21.
2. Ibid., p. 379.

La chambre, ce lieu sacré, doit être à tout prix protégée car c'est de là que viendra la liberté. Aussi, Claire doit-elle à tout prix protéger sa chambre et son contenu, c'est pourquoi quand elle est forcée d'y recevoir son neveu sous la demande de son beau-frère, elle déclare : « Donne-moi le temps de lui faire de la place, protestai-je, tremblant de le voir entrer à l'improviste dans mon sanctuaire[3] ».

Puis, Claire eut ces gestes de protection comme les jeunes qui, dans *Folie*, se sont cachés par peur:

> *Dès qu'il fut parti, je courus mettre mes trésors en lieu sûr. Je dissimulai de mon mieux la poupée dans la penderie, m'assurai que mes livres étaient bien à leur place, sous le lit, et ouvris ma porte, frissonnant comme si j'allais être moi-même violée[4].*

Et dans *Folie*, l'un des trois jeunes poètes précise que : « Nous nous sommes cachés à cause des diables, tu le sais bien. Nous ne sommes pas des génies, nous ils risquent de nous tuer[5] ». De plus, se retrouver dans sa chambre est aussi une occasion unique pour le personnage de se libérer partiellement, avant d'avoir l'occasion de se libérer totalement dans le rêve. Claire Clamont est là pour le prouver : « Je ferme la fenêtre de ma chambre, m'assure que ma porte est verrouillée et je me déshabille. Je suis nue, devant le miroir, encore belle[6] ».

La chambre est aussi ce lieu où l'on manigance en secret des projets doux : « Ce soir, je l'accueillerai dans ma chambre et je lui avouerai mon amour. Il faut qu'il me révèle à moi-même[7] ». Et parfois cruels :

> *Me voilà assise sur mon lit, le poignard dans les mains. Je le contemple et le caresse. Il a la pointe acérée et son manche*

---

3. Ibid., p. 188.
4. Ibid., p. 414.
5. Ibid., p. 21.
6. Ibid., p. 209.
7. Ibid., p. 213.

> *finement ciselé et se recourbe légèrement. D'où vient cette arme ? Quelle est son histoire ? L'important est de savoir si oui ou non elle est capable de tuer quelqu'un du premier coup. Me faudra-t-il, si je rate mon but, d'assister à une interminable agonie ? Aurais-je le courage de frapper plusieurs fois pour être sûre de mon fait ? Comment alors faire croire au suicide ? J'ai tout envisagé. Je ne laisserai rien au hasard. Le chat des Audier va me servir de cobaye[8].*

Enfin, la chambre est un refuge de jouissance et réjouissance et de fantasme si bien que loin d'elle la vie n'a pas le même sens pour ne pas dire n'a plus de sens. En témoignent les extraits suivants : « Le chat est mort. Je l'ai guetté, tenté avec du poisson frais et frappé en levant haut la main. De ma fenêtre, je contemple son cadavre[9] ». Si dans l'extrait ci-dessus, Claire fait figure de spectatrice dans la chambre, ici, c'est une Claire qui rêve et fantasme :

> *Quand ils quittent leur chambre, je vais toucher, sentir les draps sur lesquels ils ont fait l'amour, cherchant comme une affamée cette odeur d'algues marines mêlée de sueur masculine qui doit être celle du sperme et qui se mélange au parfum fade de Félicia[10].*

Elle s'accroche tant à la maison, qu'elle ne voit pas sa vie en dehors d'elle : « J'arrive mal à imaginer ma vie ailleurs qu'en cette maison. C'est elle qui abrite tous mes tristes souvenirs d'enfance et de jeunesse[11] ». En dehors de la maison, sa vie bascule dans l'horreur : « Nous revoilà rentrés au pays ! Derrière moi d'insignifiants souvenirs que j'ai laissés dans ma chambre d'hôtel et à l'hôpital, sans effort[12] ».

Il y a tant de satisfaction personnelle à jouir dans sa chambre qu'on est en droit de se demander si, à part le dire et l'écriture, il existe un autre moyen simple de partager les actions accomplies audit lieu avec le collectif. C'est à

---

8. Ibid., p. 213.
9. Ibid., p. 214.
10. Ibid., p. 21.
11. Ibid., p. 175.
12. Ibid., p. 207.

cette question que semble répondre certaines actions de certains personnages dans les romans de Marie Vieux-Chauvet.

**La maison : lieu de combat**

> *Tandis qu'il essayait d'ouvrir la fenêtre pour s'échapper, on défonça la porte. Trois hommes armés, le bas du visage dissimulé sous un foulard, firent irruption dans la pièce. Ils ouvrirent le tiroir de la petite table, soulevèrent le matelas pour le déchirer à coups de couteau et brisèrent la chaise et la table*[13].

Cet extrait de *Les rapaces* montre que même à l'intérieur de la maison, la sécurité n'est pas garantie surtout en période de dictature. Cependant, malgré la fragilité et l'insécurité qui peuvent se rattacher naturellement à ce bâtiment, il peut constituer un lieu de résistance et de combat. On retrouve cette idée dans plusieurs récits de Marie Vieux-Chauvet. Par exemple, dans *Folie*, les jeunes poètes se cachent dans une maison pour délirer ou plutôt pour échapper au délire de la ville qui les entoure ; dans *Amour*, Claire frappe Calédu d'un coup mortel devant sa maison :

> *Je sors le poignard de mon corsage et j'entrouvre doucement la porte. Il est sous ma galerie. Je le vois hésiter et tourner la tête dans tous les sens. Le voilà à portée de main. Avec une force extraordinaire je lui plonge le poignard dans le dos, une fois, deux fois, trois fois. Le sang gicle*[14].

Et, dans *Les rapaces*, le père d'Anne, alors ministre du pouvoir qui a assassiné sa propre fille, décide de mener le même combat qu'elle, suite à la lecture du livre de Michel, l'ami de sa fille. Une décision qui s'apparente à un nouveau combat qui sera mené certainement hors de la maison mais pensé dans celle-ci :

> *Ce jour-là, prétextant un malaise, il remonta chez lui plus tôt*

---
13. Marie Vieux-Chauvet, *Les rapaces*, Port-au-Prince, Imprimeur II, 2015, p. 45.
14. Marie Vieux-Chauvet, *Amour, Colère et Folie*, p. 218.

> *que d'habitude et s'enferma dans sa chambre avec le manuscrit. Dès la première page, il se sentit saisi d'une terreur panique. Il déposa le manuscrit, le reprit et poursuivit sa lecture. Et voilà que de sa conscience obscurcie par l'ambition et l'égoïsme jaillit comme une gerbe d'étincelles. Il se sentit inondé de lumière. L'émotion le gagna et ses convictions endormies surgirent, vivaces et si intactes que des larmes ruisselèrent sur ses joues. [...] Jouer le grand jeu. Rester dans leur sein tout en les trahissant, se murmura-t-il à lui-même. Si Anne revient, j'épaulerai la cause qu'elle défend. Je dépenserai ma fortune à réparer le mal que j'ai fait à mon pays. J'en fais le serment*[15].

Mais, le combat n'est pas lié à un lieu unique comme le sont le recto et le verso d'une même page. En effet, même s'il est parfois dangereux de sortir de la maison, ce qui risque de provoquer la mort, il faut tout de même la laisser et risquer la mort, car mourir est quelque part grandir, semble dire Marie Vieux-Chauvet. Anne, dans *Les rapaces*, est obligée de sortir de la maison où se trouve la famille Alcindor et elle trouve la mort :

> *Elle saisit la torche qu'Alcindor avait allumée et ouvrit la porte. Ils l'entendirent marcher puis, crier. Une rafale crépita. – Elle n'a pas eu le temps de parler, s'écria l'aveugle. Ils l'ont tuée ! Elle est tombée sous le mapou*[16] *!*

Le danger apparaît aussitôt quand les jeunes jusque-là, cloisonnés dans une maison, sortent et se font arrêter par les hommes de la patrouille venant de Port-au-Prince. Ces jeunes qui ont vécu le cauchemar en sortant de la maison ont frôlé la douloureuse expérience du mythe de la caverne ; Claire Clamont, dans *Amour*, se sent très mal après un séjour forcé à Port-au-Prince, loin de sa maison, de sa chambre, son lieu de secret et de complicité :

> *Me voilà dans une chambre d'hôtel profitant du mince répit que m'accorde la vie. En moi nulle curiosité pour cette grande*

---

15. Marie Vieux-Chauvet, *Les rapaces*, p. 118.
16. Ibid., p. 97.

*ville que je n'ai pas vue depuis longtemps. Je suis pour ainsi dire rivée à mon idée fixe, obnubilée par mon obsession et je reste indifférente à la rumeur tumultueuse des voitures et aux bruits les plus proches de l'hôtel. Bientôt je serai de nouveau seule. Où est mon passé pour qu'il me vienne en aide*[17] *?*

**Le symbolisme spatial**

La maison est sans conteste dans les récits *Amour*, *Folie* et *Les rapaces* un lieu de bonheur et de confort. Mais l'utilisation de cet espace peut être aussi comprise comme un besoin de s'enfermer. Un enfermement nécessaire et paradoxal. Étant un espace clos, intimiste, familial, la maison peut symboliser le refus de prendre contact avec les autres en raison des différences qui les distancient ou du danger qu'ils représentent. De plus, elle peut être l'expression d'un ultime recours quand on veut échapper à la bêtise humaine, à l'euphorie dans l'absurdité et à la banalisation de la vie humaine. Une sorte de résistance par l'écriture, par la dénonciation et l'invention de meilleurs lendemains à matérialiser dans l'effort constant. Aussi se réfugier dans cet univers fermé permet-il aussi au narrateur et aux personnages de ne pas fermer les yeux sur ce qui se passe autour d'eux, même s'ils n'ont pas les moyens d'intervenir dans l'immédiat. C'est un lieu spécial où l'on construit une œuvre spéciale faite de texte et de combats à mener pour la destruction de l'œuvre des barbares, des tyrans et des infâmes.

Il est indéniable que la maison n'est pas l'unique espace romanesque utilisé par Marie Vieux-Chauvet dans l'ensemble de son œuvre romanesque. Cependant, il paraît évident que ce thème occupe une place non moins importante dans plusieurs de ces récits, ce que nous avons essayé de montrer à travers *Amour*, *Folie* et *Les rapaces* et qui pourrait être également démontré à travers d'autres textes de l'auteure. Par ailleurs, cette tentative de compréhension de l'utilisation particulière de ce lieu dans ses textes nous a permis de comprendre que le choix de ce lieu n'est pas le fait du hasard puisqu'il participe à une volonté de combattre, de planifier, de dire l'inacceptable en attendant de faire mieux ou de faire autrement bien.

---

17. Marie Vieux-Chauvet, *Amour, Colère et Folie*, p. 205.

Ainsi, le personnage qui se trouve en ce lieu pour s'exprimer n'est pas un lâche. Au contraire, à arme inégale, il prépare de ce lieu secret la réalisation de ses projets personnels ou collectifs et permet à l'auteur d'ériger son œuvre littéraire, le plus grand de ses œuvres pour le bonheur de la postérité et pour montrer la voie à ceux qui s'entêtent à demeurer dans le présent.

Jean James ESTÉPHA, M.A.

## Bibliographie

CHARLES, Jean-Claude, *Quelle fiction ? Que faire ? Notes sur la question littéraire haïtienne*, Port-au-Prince, Mémoire, Collection Rupture, 1999.

FRANKLAND, Michel, *Outils de lecture*, Québec, Éditions du Renouveau Pédagogique, 2000.

VIEUX-CHAUVET, Marie, *Amour, Colère et Folie*, [1968], Paris, Zulma, 2015.

---, *Les rapaces* [1986], Port-au-Prince, L'imprimeur S.A, 2016.

WEISGERBER, Jean, *L'espace romanesque*, Lausanne, L'âge de l'homme, 1978.

**Pour citer cet article :**

Jean James ESTÉPHA, « La maison: lieu de refuge et de combat dans l'œuvre de Marie Vieux-Chauvet », *Revue Legs et Littérature*, 2016 | no. 8, pp. 109-119.

# Violence, refoulement et désir dans *Amour* et *Colère* de Marie Vieux-Chauvet

*Dieulermesson PETIT FRERE a fait des études premier cycle en Lettres à l'École normale supérieure et de M2 Littératures, Idées, Poétiques à l'Université Blaise Pascal (Clermont-Ferrand), avec une étude sur Marie NDiaye. Détenteur également d'une maîtrise en Lettres de l'Université des Antilles et de la Guyane, il enseigne l'Analyse du discours à l'Université de Port-au-Prince. Éditeur et critique littéraire, co-auteur de l'essai 50 livres haïtiens cultes qu'il faut avoir lus dans sa vie (2014), d'un récit, ...des maux et des rues (2014), il a aussi publié deux recueils de poèmes, Rêves errants (2012) et Romances du levant (2013) et deux livres pour enfant, Je découvre... Viviane Gauthier (2014), Je découvre... Marie Vieux-Chauvet (2016). Ses thèmes de recherche sont entre autres l'identité, la famille, la migration, la violence et le désir.*

### Résumé

Amour, Colère et Folie *est, paraît-il, l'œuvre la plus lue et la plus connue de Marie Vieux-Chauvet. Considéré comme le livre ayant fait sa renommée, il est aussi et surtout celui à avoir révélé et consacré ses talents d'écrivain. De 1968 –date de sa première publication à nos jours –il demeure sans conteste que c'est un livre qui a suscité le plus de commentaires dans les milieux littéraires et universitaires. À lire l'œuvre, l'on sent se dégager à travers les pages une tension ou plutôt une violence, un désir et un refoulement qui emprisonnent les personnages au point que tantôt ils semblent s'y confiner, donc à ne plus à avoir le contrôle de la situation à laquelle ils font face, tantôt à transformer leur situation de victime en bourreau, et du coup, braver leur peur. En nous appuyant notamment sur les récits* Amour et Colère, *notre démarche sera de voir en quoi ils nous permettent de donner corps à cette hypothèse.*

### Mots clés

*Dictature, pouvoir, désir, violence, résistance.*

# VIOLENCE, REFOULEMENT ET DÉSIR DANS *AMOUR* ET *COLÈRE* DE MARIE VIEUX-CHAUVET

Romancière engagée, femme révoltée, figure de la modernité dans la littérature haïtienne, l'œuvre de Marie Vieux-Chauvet a bousculé le paysage politique de la fin des années 1960 début 1970 et fait encore des remous dans les milieux littéraires et universitaires tant en Haïti qu'à l'étranger. Elle est cette écrivaine qui a non seulement remis l'ordre social établi en question en bravant risques et dangers, mais a aussi et surtout mis à nu les tares et les rongeurs de la société de son époque et s'est positionnée contre toutes formes de dérive. Qu'elles soient sociales –elle a eu le courage de dénoncer l'avarice, l'hypocrisie et les préjugés de sa classe sociale et opter pour une forme de redistribution des richesses en mettant fin aux inégalités et injustices– qu'elles soient politiques, en critiquant ouvertement et crument les exactions du régime sanguinaire des Duvalier et réclamer la mise en place d'un gouvernement qui se penchera sur la situation des pauvres –donc des plus démunis.

Femme éclairée, libérée et émancipée, avec un goût particulier pour la vie mondaine sans pour autant tomber dans un féminisme débridé et à bon marché, elle a révisé, tant dans sa vie que dans ses récits, le statut de la femme en lui attribuant des rôles et des qualités qui sortent de la vie ordinaire ; en même temps qu'elle a su créer et imposer sa voix comme femme-écrivain pour l'émergence d'une littérature féminine d'Haïti. Ainsi, la figure de la femme, autant comme personnage romanesque que comme personnage physique, a considérablement évolué. De victime, passive, soumise et dépendante, elle a gagné une certaine indépendance et devient peu à peu libre, maîtresse de ses idées, de ses actes et de sa vie, donc une personne à part entière dont l'existence ne tient pas à la présence d'un tiers.

Au fil de ses intrigues, les situations se renversent et les personnages peuvent, selon la conjoncture, changer de statut. Dans beaucoup de cas, l'on voit dans ses romans, la violence céder le pas à la frustration et le désir au refoulement. À lire *Amour* et *Colère*, l'on sent se dégager à travers les pages une tension ou plutôt une violence, un désir et un refoulement qui emprisonnent les personnages au point que tantôt ils semblent s'y confiner, donc à ne plus à avoir le contrôle de la situation à laquelle ils font face, tantôt à transformer leur situation de victime en bourreau, et du coup, braver leur peur. En nous appuyant notamment sur ces deux récits, notre démarche sera de voir en quoi ils nous permettent de donner corps à cette hypothèse.

**Violence physique et violence sexuelle ou le cœur de l'abject**

*Amour, Colère et Folie* est, paraît-il, l'œuvre la plus lue et la plus connue de Marie Vieux-Chauvet. Considérée comme celle ayant fait sa renommée, elle est aussi et surtout celle à avoir révélé et consacré ses talents d'écrivain. De 1968 –date de sa première publication à nos jours –il demeure sans conteste que c'est un livre qui a suscité le plus de commentaires dans les milieux littéraires et universitaires. Si certains critiques n'ont pas cessé de vanter les qualités de son écriture, d'autres y voient un tableau terrifiant du régime sanguinaire et obscurantiste de François Duvalier dit Papa Doc, car dans ce roman, l'auteure a passé sous le peigne fin le règne violent du premier épisode de la dictature duvaliériste. Ce triptyque romanesque est traversé par un cycle de violence et de brutalité sans précédent où les rapports de force entre les personnages, qui passent souvent pour des héros-martyrs, et les bourreaux sont disproportionnels. Pour rester dans l'esprit de notre réflexion articulée surtout autour des deux premiers récits, voyons tout d'abord ce qui constitue leur trame.

*Amour* est l'histoire de la famille Clamont, une petite famille bourgeoise d'une ville de province d'Haïti. Claire, la plus grande des trois filles des Clamont, a le teint foncé et se sent diminuée par rapport à ses deux sœurs, Annette et Félicia qui sont des mulâtresses. N'ayant jamais eu d'homme dans sa vie, elle convoite le mari de Félicia, Jean-Luze, et se sert d'Annette, éprise aussi de son beau-frère, pour assouvir ses fatasmes et désirs sexuels. Arrive Calédu, homme rancunier et violent, accompagné de sa milice, qui terrorise les habitants. Il frappe, viole et tue sans pitié. Entre vengeance, haine, désir et crime, le récit lève le voile sur les mythes et les tabous d'une société aux prises avec ses propres démons. Dans *Colère*, Louis Normil doit faire face à la milice gouvernementale, « des hommes en uniforme noir » qui, un matin, s'accaparent de ses terres. Que faire ? Ces terres, acquises par le bisaïeul « à la sueur de son front » sont les seuls biens qui lui permettent de subvenir aux besoins de sa famille. Devant le danger qui plane sur la tête de cette famille tant aimée, il pousse sa fille, Rose, sous les yeux de la mère, malgré le refus de Paul, le fils ainé, à coucher avec le chef macoute, le « gorille », pour récupérer ses propriétés spoliées.

Voici donc deux tableaux qui montrent le délire des uns et la folie des autres dans un jeu de désir macabre. Fourvoyés par la violence et la peur, les personnages sont atteints d'une crise de paranoïa sans équivoque. À côté de la violence exercée par les *Tonton-macoutes*[1] pour asseoir leur autorité et affirmer le pouvoir en place, il faut aussi prendre en compte cette forme de violence à laquelle sont assujettis les personnages au sein même de leur propre famille. Dans le premier récit, Claire, en dépit de la résistance manifestée contre la forme d'éducation que son père entend lui inculquer, finit par céder malgré elle. C'est avec beaucoup d'amertume qu'elle revient sur cette période de sa vie où son père la brimait, la sermonnait et l'endurcissait pour qu'elle soit élevée comme un homme afin de s'occuper l'héritage familial.

> *J'étais réprimandée pour rien, épiée odieusement. Ma mère m'avait mis un ouvrage entre les mains, et, assise sur une chaise basse, à ses pieds, je passais la plus grande partie de mon temps. Mon père m'appelait, chaque jour, de sa grosse*

---

1. S'il faut les nommer par leur nom propre. Le terme a été utilisé par le régime des Duvalier, père et fils, pour désigner les membres de la milice conçue pour terroriser la population et, de fait, assurer la pérennité du pouvoir.

> *voix bourrue, pour me faire répéter mes leçons et me pinçait l'oreille à la moindre erreur à la faire saigner. « Ça décongestionne le cerveau », m'expliquait-il pour me rassurer de sa méchanceté. Pour m'endurcir et me faire payer sans doute ses espérances paternelles, déçues, il décida brusquement de m'élever comme un garçon[2].*

Claire a donc reçu une éducation féroce, rigide. Enfant, elle se voyait comblée d'interdictions. Elle n'avait pas le droit par exemple de fréquenter la petite Agnès Grandupré ou même Tonton Mathurin qu'on a « accusé de fréquenter brusquement la racaille et d'attirer chez lui les bonnes du quartier à des fins malhonnêtes, il avait été tout bonnement mis en quarantaine[3] ». Pour avoir, une fois, dérobé à cette interdiction, elle a été battue avec rage.

> *Qui t'a donné la permission de jouer avec la petite Grandupré ? me cria-t-il en m'assenant sur le dos un tel coup qu'il me coupa la respiration. Qui ? Combien de fois l'as-tu vue ? Que t'a-t-elle raconté ? Qu'avez-vous fait ensemble ? Chaque question était appuyée d'un terrible coup de ceinture. Dès le troisième, je m'étais mise à hurler aussi fort qu'Agnès ; au vingtième, je m'évanouis. Le lendemain, j'ai eu une forte fièvre que ma mère dut faire chercher le docteur Audier[4].*

De son côté, la petite Rose, du haut de ses vingt ans, a dû subir l'outrage et supporter le mépris au sein même de sa famille quand, poussée par son père, elle s'est « naïvement jetée dans les serres de ces vautours[5] ». Contrairement à Claire, la violence, dans le cercle familial, a pris une autre tournure. Ce n'est pas dans les formes de l'éducation reçue qu'elle s'est manifestée mais dans le regard et le jugement que ses pairs ont porté sur elle suite à l'opprobre qu'elle a jeté sur la famille en pactisant avec le diable alors qu'elle entendait sauver l'honneur. Cependant, Rose, tout comme Claire, est une héroïne-martyre. Victime dans son être et jusque dans sa chair, elle s'est vu traitée de tous les mots par ses proches et porter tous le maux du monde pour avoir choisi d'être

---

2. Marie Vieux-Chauvet, *Amour, Colère et Folie*, Paris, Zellige, 2005, p. 90.
3. Ibid., p. 94.
4. Ibid., p. 95.
5. Ibid., p. 240.

la complice de son père dans cette affaire qui l'a déshonorée. Et depuis, la maison est partagée en clans, comme le souligne Paul dans son monologue à la fin du huitième chapitre. Mis à part son père qui eut à éprouver de la commisération pour elle, aux yeux de Paul, elle est une « catin », et lui inspire du dégout : « La pudeur de Rose ! Et cent fois en moi-même je l'appelle putain. Ils l'ont tuée[6]. » Il la déteste tant qu'il finit par devenir violent et va jusqu'à la frapper tellement il n'a pu contenir sa rage.

> *J'ai vu la lumière chez Rose et poussé la porte sans frapper. Elle était à genoux devant le lit, la tête plongée dans l'oreiller, les seins aplatis sur le matelas. – Entre donc, a-t-elle chuchoté, et ferme la porte. Elle est restée à genoux sur le plancher et moi, je la regardais de profil, sans oser bouger, maigre et belle, les yeux bouffis de larmes. – Tu partiras, je te le promets. J'ai bondi sur elle et je l'ai frappée au visage. –Je ne t'ai jamais demandé de m'aider. – Il faut que tu partes, il le faut. – Je ne veux pas que tu t'occupes de moi, tu m'entends ?[7]*

De son côté, Claude, son frère cadet, l'infirme, la traite avec irrespect. Lui non plus ne lui cache son aversion.

> *Tu sens mauvais, lui cria l'infirme tout à coup. – Moi ! fit-elle interloquée et elle s'entoura la taille de son bras droit, les jambes jointes, comme soudées l'une à l'autre. – Tu sens autre chose que toi-même, tu sens mauvais, va-t'en, va-t'en. – Tais-toi ! dit Paul à l'infirme, la mâchoire crispée. – Je me tairai si je veux. Et si je pouvais me tenir debout, je la fouetterais[8].*

Quelle humiliation ! Même le grand-père la considère avec dédain. Aussi toutes ces attitudes traduisent-elles une violence douce contre laquelle elle a pu résister avec courage et fermeté. Puis, il y a la violence exercée par le « gorille » sur son petit corps pour pouvoir assouvir ses pulsions sexuelles, ses

---

6. Ibid., p. 241.
7. Ibid., p. 250.
8. Ibid., p. 224.

désirs malsains pleins de rage et de méchanceté. Meurtrie, pétrie par les « mains velues » de cet homme qui, dans le passé, n'était qu'un insignifiant, « un mendiant pouilleux [...], un mendiant méprisé, honni par les inaccessibles têtes de saintes de ton espèce[9] », comme il le souligne lui-même, diminuée par ses propos haineux, il ne reste plus rien du corps de son beau corps, tant il a été souillé et traîné dans la boue. Si pour son prédateur, elle est une machine à plaisir, à ses propres yeux, elle n'est qu'une morte.

> *Que m'importe ! Il n'y a de déshonneur que dans le plaisir partagé et il a couché avec une morte. Avec une morte et il l'ignore. C'est ma vengeance. C'est bon, n'est-ce pas ? me demande-t-il avec angoisse. Et les yeux fermés, j'ai l'air d'acquiescer. Que m'importe ! Un mois, c'est vite passé. Je me tairai, j'accepterai tout ce qu'il voudra. Ses horribles mains sur mon corps ! dans mon corps, fouillant ma chair sans vergogne. Que m'importe ! Je suis morte. C'est risible de le voir râler sur une morte[10].*

La violence sexuelle dans ce récit ne connaît pas de limite. Si cet homme a pu devenir chef, c'est, comme on le voit avec Calédu, dans *Amour*, pour avoir à ses pieds les belles mulâtresses qu'il n'osait approcher dans le passé. Rose est pulvérisée par ce chacal avec qui elle a « accepté l'indécence comme une rouée[11] » et qui s'amuse à user de son corps sans aucune pitié.

> *Pas une fois je n'ai raté un rendez-vous, pas une fois je n'y suis arrivée en retard. J'éprouve pourtant d'atroces brûlures au moindre geste et je marche avec effort. Je continue de dégringoler les escaliers pour ne pas inquiéter mes parents. Pas un jour il ne m'a fait grâce. Ce soir, il était comme un fou. Il criait, il me reniflait et me léchait comme une bête. Puis, il m'enfonçait son poing dans le corps et regardait couler mon sang en râlant de volupté. Vampire ! Vampire ! Je l'ai vu boire mon sang et s'en griser comme le vin[12].*

---
9. Ibid., p. 253.
10. Ibid., p. 253.
11. Ibid., p. 255.
12. Ibid., p. 256.

Preuve que ce n'est pas l'amour qui l'habite ou le pousse à agir dans ses conquêtes, mais plutôt la haine, le désir de vengeance et de se sentir respecté et vénéré. C'est un homme brusque et sans cœur qui tue pour le bon plaisir et violente les femmes pour sa satisfaction personnelle. Dans le monologue de Rose, le lecteur découvre son côté bestial et inhumain : « J'ai tué dix hommes à bout portant, m'a-t-il confié, et je tremble de désir devant ta tête de sainte. Mais elles sont si rares les femmes qui m'excitent[13] ». Déjà dès son premier rendez-vous avec Rose, il n'a pas été du tout tendre avec elle. Comme un loup affamé :

> *Il s'enfonça en moi d'un seul coup terrible, brutal et, aussitôt, il râla de plaisir. Je mordis mon poing, de souffrance et de dégoût. [...] J'avais si mal que je pouvais à peine marcher. Je pris une voiture et rentrai chez moi. Le lendemain, je le revis, mais pas chez l'avocat. Il me conduisit en dehors de la ville, dans une maison meublée de façon grotesque et luxueuse et dont l'unique chambre était tapissée de miroirs. Lorsque je fus nue, il se jeta sur moi si brutalement que je criai[14].*

Ce premier contact établi, l'homme dévoila, du coup, son projet.

> *Tu es la plus belle tête de martyre que j'aie jamais eue, me dit-il. Je vais m'attacher à toi ; je le sens ; je le sens. Si tu passes par mes caprices, nous deviendrons de bons, de grands amis. [...] – Je te revois demain. Je te reverrai tous les soirs pendant un mois. Si tu te montres fidèle, je te remettrai en mains propres les papiers que ton père a signés[15].*

Lâchée par sa famille, résignée et capitulée, c'est une Rose sacrifiée, mutilée qu'on retrouve au fil des pages et qui avance tête baissée, mais avec un but bien précis, dans la gueule du loup. Son corps a fini par s'accommoder aux sévices de son tortionnaire. Ce sadique habité par la bête qui n'a jamais connu les délices de l'amour. Ce qui importe pour lui, c'est l'acte sexuel et le plaisir

---

13. Ibid., p. 253.
14. Ibid., p. 252.
15. Ibid.,

qu'il éprouve face à la sauvagerie qu'il inflige à son partenaire.

> *Je t'ouvrirai jusqu'à ce que mon poing entier y passe, me criat-il. [...] Et maintenant, ouvre les jambes. Attends, je vais te défaire les cheveux. Tu ressembles davantage à une sainte. J'aime les saintes. [...] Mets les bras en croix. Tu es pâle. Tu as l'air de souffrir. Tu es parfaite. C'est ça, souffre et tais-toi*[16].

Voilà une attitude qui le rapproche de son frère d'arme, Calédu, le chef des mendiants dans le premier récit. D'ailleurs, le nom même du personnage évoque une sensation de brusquerie et de peur dans tous les sens du terme. C'est un maniaque autant dans le maniement du bâton et de l'arme que dans l'accomplissement de l'acte sexuel. Il suffit de voir les crimes qu'il a sur la conscience pour se faire une idée de l'homme. Dans un article sur les héroïnes de Marie Chauvet, le critique Max Dominique affirme que si l'on « compare le viol de Lotus, les tortures de Calédu ou du gorille sur les corps suppliciés de Dora ou de Rose, et l'on retrouvera le même dessin de viol et de mort, par où le machisme haïtien s'articule et s'imbrique aux racismes des viscères et des tripes[17] ! » Ici, l'on pourra voir une Dora Soubiran qui a vécu l'enfer dans les bras du chef des mendiants au même titre que Rose dans ceux du chef des «hommes en uniforme noir». Et c'est Claire qui, dans son monologue, en fait mention :

> *Dora Soubiran traite de haut avec lui. Elle refuse de comprendre la marche de l'histoire, le revirement de fait. Un soir, il vint la chercher lui-même. Elle le suivit, égrenant son chapelet le long de la grand-rue [...] Elle revint deux jours plus tard, hagarde, méconnaissable, poursuivie par les railleries des mendiants qui s'esclaffaient à la voir marcher les jambes ouvertes comme une infirme*[18]. *[...] J'ai vu passer*

---

16. Ibid., p. 253.
17. Max Dominique, « Héroïnes de Marie Chauvet », *Esquisses critiques*, Port-au-Prince, Mémoire/Cidihca, 1999, p. 105.
18. Marie Vieux-Chauvet, *Amour, Colère et Folie*, p. 20.
19. Ibid., p. 23.

> *Dora. Elle trottine encore sur ses jambes ouvertes comme une bête estropiée. Que lui a-t-on fait ? Quel affreux supplice a-t-elle subi pour que depuis un mois elle n'arrive pas à marcher normalement ?*[19]

Aussi Dora a-t-elle connu le même sort que Rose. Ayant été tous les deux tenus loin de la grande société eu égard à leur origine sociale, les deux hommes (Calédu et le gorille dont le nom n'est jamais cité dans le récit), ne jurent que par la violence, la haine et l'humiliation des autres pour s'affirmer et imposer leur loi. Au sujet du chef des mendiants, le docteur Audier eut à dire que : « Nous avons affaire à un sadique qui se venge peut-être de son impuissance sur les femmes. Je dis bien peut-être, car il est aussi un aigri qui fait payer aux autres sa condition sociale. Le choix de ses suppliciés le prouve[20] ».

Il a un passé similaire à celui du gorille, l'autre assassin. Les supplices de Dora sont aussi atroces que ceux de Rose. C'est Claire qui en parle dans son journal : « Elle a raconté à Eugénie avoir vu sa chair voler en éclats tandis que Calédu la cravachait, couchée sur le dos, les jambes ouvertes, maintenue dans cette position par quatre prisonniers, quatre mendiants pouilleux à qui il l'a ensuite livrée…[21] »

À bien lire *Amour* et *Colère*, l'on se rendra compte qu'en fin de compte, la violence ne va pas dans un seul sens. Elle est tant dans le camp des bourreaux que des victimes. Et l'on comprendra aussi que c'est à force de la subir que ces dernières finissent par adopter la violence, non pour terroriser leurs semblables mais pour se défendre contre l'ennemi, leur oppresseur. À force de désirer son beau-frère, Claire finit par voir en Félicia une ennemie au point qu'elle rêve de l'éliminer. En fait, ce n'est pas tant sa sœur qu'elle désire supprimer, mais plutôt Calédu qu'elle déteste et considère comme un monstre. Elle se révolte contre les atrocités qu'il fait subir à ses amies et contre la situation de terreur dans laquelle il maintient toute la population. En témoignent les termes utilisés pour le nommer : « assassin, ce bourreau de

---

20. Ibid., p. 60.
21. Ibid., p. 37.
22. Ibid., p. 152.
23. Ibid., p. 159.

Calédu, commandant, bourreau mondain ». La haine qu'il lui inspire est si forte qu'elle s'est résolue à le tuer dans sa pensée avant même de l'achever violemment à coups de poignard. « C'est la dernière fois que Calédu s'attaque à mes amies, dit-elle[22] », à son retour de Port-au-Prince. « Je vais lui régler son compte une bonne fois. J'en ai assez de baisser la tête, de trembler[23] », affirme-t-elle plus loin, méditant son projet. Guettant sa cible, une fois à portée de main, elle passe à l'action : « Avec une force extraordinaire je lui plonge le poignard dans le dos une fois, deux fois, trois fois. Le sang gicle[24] ».

La même situation se présente avec Paul qui digère mal le fait que sa sœur « monta près [auprès de l'homme l'homme en uniforme noir] dans la voiture qui démarra[25] » et couche avec le chef des oppresseurs de la famille. Comme Claire, il veut, par tous les coups, abattre cet homme qui humilie sa sœur et qu'il finit par haïr jusqu'à vouloir sa peau.

> *Deux heures après, il entendit rentre Rose qui tâtonnait dans l'escalier, n'osant pas allumer. « Il ne me reste qu'à la supprimer, elle, pensa-t-il, la revoyant nue sur le lit. Pourquoi tant de lumière sur son corps écartelé ? Il me faut la supprimer pour moi, pour elle, pour nous. » Il sanglota, mordant son oreiller à pleines dents, couché tout habillé, se refusant à chercher le sommeil[26].*

Si Claire a pu, de ses propres mains, tué Calédu, Paul n'a pas réussi à le faire avec le gorille. La seule fois que l'occasion s'est présentée à lui, il a raté son coup, mais il s'est tout de même réjoui quand il a appris la nouvelle de son assassinat, et que Rose ait pu enfin retrouver sa liberté.

**Refoulement et désir, l'autre face de la violence**

Dans le *Dictionnaire de philosophie*, Gérard Durozoi et André Roussel définissent le refoulement comme une « opération qui repousse et maintient

---

24. Ibid., p. 160.
25. Ibid., p. 223.
26. Ibid., p. 282.
27. Gérard Durozoi et André Roussel, « Refoulement », *Dictionnaire de la philosophie*, Paris, Nathan, 1997, p. 326.

hors de la conscience les représentations (images, pensées, souvenirs) liées à une pulsion dont la satisfaction serait incompatible avec les exigences morales[27] ». Pour Pierre Fiszlewicz, cette opération « consiste à maintenir ou à repousser dans l'inconscient des représentations liées à des pulsions, capables, si elles étaient maintenues ou si elles avaient accès au système préconscient-conscient, d'y provoquer un déplaisir plus important que le plaisir lié à la satisfaction de ces pulsions[28] ». En d'autres termes, c'est la non-manifestation de certaines pulsions due à certaines exigences morales ou autres.

Objet de violence, de récriminations constantes et incapables quelquefois de répliquer ou de concevoir une réaction proportionnelle, les personnages se voient obligés d'étouffer bien de choses. Dans certains cas, ils sont dépassés par les événements, ont un devoir moral ou sont incapables d'assumer les conséquences qui en découlent. Dans *Amour*, Claire se retrouve prisonnière de cet amour qu'elle porte pour son beau-frère. Incapable de le vivre pleinement, elle pousse Annette dans les bras de ce dernier et vit cette passion amoureuse par procuration. C'est dans sa chambre fermée « rageusement à double clef »[29] qu'elle se met à satisfaire ses fantasmes, tous ses désirs réprimés en présence de Jean Luze mais qui remontent de temps en temps à la surface. Et quand son beau-frère délaisse Annette, c'est sur Calédu qu'elle déverse ses fantasmes.

> *La chaleur des désirs incendie tout de même mon corps sans âme. C'est un état nouveau pour moi et auquel je vais sans doute m'acclimater, peu à peu. J'enterre la vieille fille sentimentale, ses rêves d'amour, ses idéaux de vie faux et surtendus : l'amour n'est que le frottement de deux parcelles de chair, ai-je conclu cyniquement. [...] C'est cette nuit-là que pour la première fois, j'ai vu se pencher sur moi un autre visage d'homme. J'ai senti ses mains me caresser, j'ai entendu sa voix me supplier, crier d'amour, sangloter de désespoir. Et j'ai fermé les yeux pour attirer contre moi un grand corps*

---

28. Pierre, Fiszlewicz, « REFOULEMENT », *Encyclopædia Universalis* [en ligne], consulté le 11 octobre 2016. URL : http://www.universalis.fr/encyclopedie/refoulement/.
29. Marie Vieux-Chauvet, *Amour, Colère et Folie*, p. 55.
30. Ibid., p. 72.

*musclé, noir et nu que je n'ai pas voulu reconnaître*[30].

Claire est une frustrée. Elle a été élevée dans un environnement familial rempli de préjugés, d'orgueil, de violence et d'intolérance, ce qui a endurci son caractère et l'a poussée à se méfier de son entourage et d'elle-même. Ayant raté sa jeunesse, ce n'est qu'au cours de ses trente-neuf ans qu'elle se pense à avoir une vie amoureuse, ses pulsions étant incontrôlables, elle devient une obsédée et envie le sort de sa sœur Félicia. Et peu à peu le cynisme emplit son être au point qu'elle devient jalouse et dangereuse. C'est peut-être ce journal qu'elle rédige dans l'intimité de sa chambre qui l'empêche de sombrer dans la folie. C'est à travers ce journal nous dit Michel Peterson que « Claire se construit elle-même, qu'elle découvre la fatalité. […] Claire assume son incomplétude et son devenir à travers une écriture qui assouvit sa vengeance, exprime ses frustrations et soumet ses désirs à des déplacements fictifs »[31]. Pour Maximilien Laroche cité par le professeur Peterson, « Le journal, l'autobiographie qu'elle rédige est à la fois la réalisation d'un texte et la réalisation de ses désirs. Son être, en un certain sens, est aussi virtuel que le texte qu'elle se propose d'écrire »[32]. Mais la convalescence de sa sœur lui a permis de donner corps à ses rêves de mère et maîtresse. Laissant de côté son journal, elle nourrit d'autres fantasmes avec la présence de Jean Luze et son fils à ses côtés.

> *C'est dans ma chambre que Jean Luze vit. Bénie soit cette nouvelle grossesse, cette nouvelle et torturante grossesse. Ah ! qu'elle enfante dix fois, vingt fois, pour me le donner. […] C'est sur mon lit qu'il se roule pour jouer avec son fils, c'est sur mon lit qu'il s'étend pour se reposer. Il laisse sur mes draps l'odeur de son corps, son odeur d'homme, mélange de tabac, de sueur rude et propre. Je respire à longs traits l'oreiller où sa tête s'est posée ; j'embrasse son fils là où il l'a embrassé. Je nage dans la félicité. Il revient souvent de son*

---

31. Michel Peterson, « Amour, corps et angoisse dans Amour de Marie Chauvet », Suzanne Rinne et Joëlle Vietiello (dir.), *Elles écrivent des Antilles… (Haïti, Guadeloupe, Martinique)*, Paris, L'Harmattan, 1999, p. 41.
32. Maximilien Laroche, *Trois études sur* Folie *de Marie Chauvet*, Québec, Grelca, Université Laval, 1984, p. 41.
33. Marie Vieux-Chauvet, *Amour, Colère et Folie*, p. 139.

*travail avec des provisions comme si j'étais sa femme*[33].

Au fait, le désir chez les deux femmes (Claire et Rose) n'a ni le même objet ni la même cause. Si Claire rêve de connaître l'amour et les joies de la maternité car elle a raté sa jeunesse, Rose, de son côté, veut récupérer les terres de sa famille et lui permettre de recouvrer sa dignité et aider son frère Paul à partir faire des études. Pour ce faire, les deux femmes adoptent l'inhibition et la ruse, comme échappatoire pour atteindre leurs fins. L'une recourt à l'écriture pour ne pas se laisser éclater au grand jour, l'autre fait la morte pour cacher sa honte et ne pas se sentir souillée. Les deux tâchent de ne pas perdre l'estime de leurs proches en les laissant dans leur pure illusion. Voici ce que dit Claire :

> *Pour sauver les apparences, je continue d'assister régulièrement à la messe et de recevoir, chaque mois, la communion. Le père Paul me confesse. Pour ne pas détruire le mythe de la vieille fille pure et sans tâche, je ne lui avoue que mes péchés véniels ; je garde pour moi ceux que l'on qualifie de mortels.*[34]

De son côté, Rose continue à jouer à l'innocente, la bonne petite prude à la maison pour ne pas soulever de soupçons : « Je continue de dégringoler les escaliers pour ne pas inquiéter mes parents »[35]. Elle est une putain certes, c'est une putain respectueuse –même si on dit du mal d'elle en privé- à cause de ses relations avec le chef. Elle rappelle bien Nirvah Leroy dans *Saisons sauvages*[36] de Kettly Mars qui a accepté de devenir la maîtresse de Raoul Vincent, l'homme fort du régime duvaliériste, pour sauver son mari emprisonné à cause de ses idées révolutionnaires. Ou encore Zulma Corneille dit Mama dans *La vengeance de Mama*[37] de Frédéric Marcelin qui, elle aussi, consent à être la maîtresse du ministre Télémaque pour venger la mort de son fiancé Thémistocle. Même si Rose souffre et se plaint de sa situation, elle

---

34. Ibid., p. 35.
35. Ibid., p. 256.
36. Kettly Mars, *Saisons sauvages,* Paris, Mercure de France, 2010.
37. Frédéric Marcelin, *La vengeance de Mama* [1901], Port-au-Prince, Fardin, 1974.
38. Marie Vieux-Chauvet, *Amour, Colère et Folie*, p. 254.

endure tout en silence, refusant toute assistance : « Je devrais aller voir le docteur Valois mais j'ai peur de ce qu'il pensera de moi »[38]. Si elle se met à faire la morte lors des rapports sexuels avec le gorille pour ne pas sentir le poids de la honte ou de la souillure, c'est pour mieux s'analyser et juger de sa position de faible ou de vaincue. Remplie de préjugés, se croyant forte au départ, elle s'est butée à un mur. Dans sa peau de prostituée consentante – elle oubliera toutes les bonnes manières et les joies de l'enfance –, elle s'interroge sur le sens de son action, la famille qui l'a poussée au fond de ce gouffre et le fruit qui en résultera.

S'il faut croire Anne Marty, pour accomplir cette « dérisoire et méprisable mission », la narratrice-héroïne fait fi de toutes les valeurs morales et « s'accroche à ce qu'elle estime son seul bien, la terre ». Une morte n'a pas de conscience. Elle encaisse toutes les humiliations et tous les actes vils du chef macoute parce qu'elle se fait un corps sans âme. Et c'est pour préserver encore sa dignité, rester intacte qu'elle s'est fait complice du mal en enterrant sa haine et son mépris.

> *Maîtresse de son destin jusqu'au bout, Rose, parce que libre, fait preuve de force et d'humanité à la fois dans son rôle d'objet de transaction aimé, violé, et détruit. La narratrice ne nous épargne aucune des étapes que traverse sa conscience piégée devant le chef macoute, son agresseur : le refus absolu de se plier aux exigences du bourreau malgré les tortures endurées, puis la résignation forcée où le corps prenant l'aspect du cadavre préserve encore la dignité du sujet, l'apparition du doute sur soi-même qui ouvre la possibilité de trouver du plaisir à subir un acte sadique, sans y consentir encore ; avant la résignation définitive, l'héroïne tente de banaliser le viol en identifiant cet acte sexuel à celui qu'endurent souvent les femmes mariées, et enfin la soumission au viol équivaudra à l'acceptation de l'ordre macoute et à la qualification de prostituée[39].*

## En guise de conclusion

---

39. Anne Marty, *Haïti en littérature*, Paris, La flèche du Temps/Maisonneuve et Larose, 2000, p. 112.

D'une manière générale, *Amour, Colère et Folie* propose une lecture sans fards de la structure sociétale d'Haïti pour mettre au grand jour les tares et les vices qui gangrènent la cellule familiale frappée par la crise d'autorité, le culte du mensonge, les faux-semblants, l'avarice et autres travers. Marie Vieux-Chauvet met surtout l'accent sur une couche sociale bien déterminée : la petite bourgeoisie mulâtre et noire. On peut y lire aussi une critique brûlante du politique qui use de tous les moyens pour asservir l'autre, le déposséder de lui-même et tout ce qui constitue son essence. Au-delà du scandale provoqué par l'œuvre, Yanick Lahens estime que Marie Vieux-Chauvet « a fait œuvre d'inconvenance en jetant à la face du monde ces vieux démons tapis au fond de nous-mêmes : le syndrome du chef, le préjugé de couleur, le complexe de commandeur qui pervertit tout rapport d'autorité… »[40]. Elle nous rappelle également que nous vivons dans une société foncièrement marquée par la frénésie du chef. Avec le pouvoir, il est prétendu qu'on peut avoir toute une république à ses pieds. C'est ce qu'a cru comprendre l'un des « hommes en noir » qui, un soir, ayant croisé Laura Normil sur les terres réquisitionnées, avec des propos haineux lui fait cette proposition : « Tu veux coucher avec moi, mulâtresse ? tu veux coucher ? »[41]. Cette phrase du macoute cache ou évoque le préjugé de classe et de couleur qui rongeait la société de l'époque et la haine de l'un à l'égard de l'autre.

Au fait, avec ce roman, Marie Vieux-Chauvet, affirme Normelia Parise « nous invite à réfléchir sur les liens de pouvoir qui traversent le corps, la sexualité et le savoir »[42]. Anne Marty parle d'un livre qui met les projecteurs sur l'arbitraire et l'injustice qui règnent dans la société haïtienne.

> *Marie Vieux (Chauvet) explore jusqu'à son paroxysme la violence individuelle et sociale qui sévit dans l'univers haïtien*

---

40. Yanick Lahens, « Faulkner, Chauvet : Cas d'intertextualité », Carolyn Shread et Wébert Charles (dir.), *Revue Legs et Littérature*, no 4. *Traduction, Réécriture et Plagiat*, Port-au-Prince, LEGS ÉDITION, 2014, p. 65.
41. Marie Vieux-Chauvet, *Amour, Colère et Folie*, p. 189.
42. Normelia Parise, « Les prisons de l'imaginaire dans *Amour, Colère et Folie* », Collectif, *Relire l'histoire et le littéraire haïtiens*, Port-au-Prince, Presses nationales d'Haïti, p. 231.

> *qu'elle met en scène. Ses personnages sont fondamentalement animés par des sentiments de vengeance ; celui-ci prenant sa source dans un lointain passé, se perpétue, selon la narratrice, à cause de la défaillance de la justice et du non-respect des droits individuels*[43].

Le livre est d'une violence exacerbée qui, parfois, surprend le lecteur. Les personnages se révèlent souvent impuissants tant devant la violence qu'en présence du tremblement que soulèvent en eux les fantasmes, les désirs et les obsessions de toutes sortes, surtout du corps. Le gorille est éveillé devant la beauté du corps de Rose, lui qui ne rêve que de saintes ; Claire prend feu en voyant Jean Luze en caleçon, devant la fenêtre de sa chambre, Calédu ne jure que par le viol des mulâtresses pour se guérir de son passé miséreux et pouilleux. L'obsession est l'un des premiers mobiles qui poussent les personnages à agir. Même si l'on sait que, pour les bourreaux, c'est le désir de paraître, d'être vénéré qui les guide.

Si pour Normelia Parise, « Le symbolisme du pouvoir dans l'œuvre de Marie Chauvet figure la nature mystificatrice et son inscription dans le corps individuel et social[44] », Yolaine Parisot, de son côté, affirme que « son œuvre offre une plongée dans l'inconscient féminin[45] ». Les deux premiers récits de la trilogie confirment bien la justesse de ces deux points de vue. Entre satire politique et critique sociale, le personnage-féminin, « comme collaboration d'un effet de contexte[46] » et se constituant tant par opposition [que] « par relation vis-à-vis des autres personnages de l'énoncé[47] » est au cœur de l'action.

---

43. Anne Marty, *Haïti en littérature*, Paris, La flèche du temps/Maisonneuve et Larose, 2000, p. 180.

44. Normelia, Parise, « Les prisons de l'imaginaire dans *Amour, Colère et Folie* », Collectif, *Relire l'histoire et le littéraire haïtiens*, Port-au-Prince, Presses nationales d'Haïti, 2007, p. 232.

45. Yolaine, Parisot, « L'espace de la représentation dans *Amour, Colère et Folie* de Marie Chauvet et dans ''l'autobiographie américaine'' de Dany Laferrière », Collectif, *Relire l'histoire et le littéraire haïtiens*, Port-au-Prince, Presses nationales d'Haïti, 2007, p. 270.

46. Philippe, Hamon, « Pour un statut sémiologique du personnage », *Poétique du récit*, Paris, Seuil, 1977, p. 126.

**Bibliographie**

DOMINIQUE, Max, « Héroïnes de Marie Chauvet », *Esquisses critiques*, Port-au-Prince, Mémoire/Cidihca, 1999, pp. 97-111.

DUROZOI, Gérard, ROUSSEL, André, « Refoulement », *Dictionnaire de la philosophie*, Paris, Nathan, 1997.

FISZLEWICZ, Pierre, « REFOULEMENT », *Encyclopædia Universalis* [en ligne], consulté le 11 octobre 2016.
URL : http://www.universalis.fr/encyclopedie/refoulement/.

HAMON, Philippe, « Pour un statut sémiologique du personnage », *Poétique du récit*, Paris, Seuil, 1977, pp. 115-180.

LAHENS, Yanick, « Chauvet, Faulkner : cas d'intertextualité », Carolyn Shread et Wébert Charles (dir.), *Revue Legs et Littérature*, no 4, T*raduction, Réécriture et Plagiat*, Port-au-Prince, LEGS ÉDITION, 2014, pp. 65-82.

LAROCHE, Maximilien, *Trois études sur* Folie *de Marie Chauvet*, Québec, Grelca, Université Laval, 1984.

MARCELIN, Frédéric, *La vengeance de Mama* [1901], Port-au-Prince, Fardin, 1974.

MARTY, Anne, *Haïti en littérature*, Paris, La flèche du temps/Maisonneuve et Larose, 2000.

MARS, Kettly, *Saisons sauvages*, Paris, Mercure de France, 2010.

PARISE, Normelia, « Les prisons de l'imaginaire dans *Amour, Colère et Folie* », Collectif, *Relire l'histoire et le littéraire haïtiens*, Port-au-Prince, Presses nationales d'Haïti, 2007, pp. 217-237.

PARISOT, Yolaine, « L'espace de la représentation dans *Amour, Colère et Folie* de Marie Chauvet et dans ''l'autobiographie américaine'' de Dany

Laferrière », Collectif, *Relire l'histoire et le littéraire haïtiens*, Port-au-Prince, Presses nationales d'Haïti, 2007, pp. 259-279.

PETERSON, Michel, « Angoisse, corps et pouvoir dans *Amour* de Marie Chauvet », Suzanne Rinne et Joëlle Vitiello (dir.), *Elles écrivent des Antilles... (Haïti, Guadeloupe, Martinique)*, Paris, L'Harmattan, 1999, pp. 39-49.

VIEUX-CHAUVET, Marie, *Amour, Colère et Folie* [1968], Paris, Zellige, 2005.

**Pour citer cet article :**

Dieulermesson PETIT FRERE, « Violence, refoulement et désir dans *Amour* et *Colère* de Marie Vieux-Chauvet », *Revue Legs et Littérature*, 2016 | no. 8, pp. 121-140.

# Deuxième partie

## Portrait et témoignage

143 **Marie Vieux-Chauvet : chronique d'une révoltée**
Par Dieulermesson Petit Frère

147 **Rencontre avec Jean Daniel Heurtelou, neveu de Marie Vieux-Chauvet**
Propos recueillis par Marie Alice Théard

# Marie Vieux-Chauvet
## Chronique d'une révoltée

Il demeure sans conteste que Marie Vieux-Chauvet est une figure incontournable de la littérature haïtienne du 20e siècle. Pour ne pas dire de l'écriture féminine en Haïti. Auteure d'une œuvre qui ne cesse de défrayer la chronique, elle est, à plus d'un titre, aux yeux de plus d'un, une auteure qui dérange. Les sujets de ses livres sont osés. Parce qu'ils mettent à nu non seulement des tares mais aussi démasquent les tabous. Font tomber les masques. Briser les interdits. Elle est, selon les propos de José Pliya (écrivain et dramaturge français d'origine béninoise), cet écrivain qui a su tenir l'âme d'un peuple. La lecture de ses œuvres ne saurait, en aucun cas, nous laisser indifférent. Tant elles suscitent l'admiration et éveillent l'émotion. Et ce, quel que soit l'angle considéré : qu'il s'agit de la facture du récit ou de la maîtrise de la langue.

*« Marie Vieux-Chauvet est une auteure qui dérange »*

Fille du sénateur et ambassadeur, Constant Vieux, et de Delia Nones, une antillaise originaire des Îles Vierges, Marie Vieux Chauvet est née à Port-au-Prince –la capitale d'Haïti– le 16 septembre 1916. Après des études à l'École Normale d'Institutrices, elle obtient en 1933, soit à dix-sept ans, son brevet élémentaire. Eprise des idéaux de justice et d'égalité, elle a mené durant toute sa vie –ne serait-ce que dans ses œuvres– un vrai combat contre les abus dont sont victimes les femmes, les pauvres et les sans-voix. Elle a épousé le médecin Aymon Charlier avec qui elle a eu deux enfants (Marilyse et Régine). Divorcée, elle s'est mariée, en secondes noces, avec l'homme d'affaires, Pierre Chauvet, puis avec l'américain Ted Proudfoot, à New York en 1973, trois ans avant sa mort en 1976, des suites d'une hémorragie cérébrale.

Elle a développé une amitié sans faille avec le groupe Haïti Littéraire dont elle deviendra plus tard, au début des années 1960, membre aux côtés de Villard Denis, dit Davertige, Anthony Phelps, René Philoctète, Roland Morisseau et Serge Legagneur. D'ailleurs, le groupe se réunissait chez elle trois à quatre fois par semaine.

En 1947 paraît, sous le pseudonyme de Colibri, la première œuvre de Marie Vieux-Chauvet, *La Légende des fleurs*, « une pièce de théâtre ayant connu un large succès auprès du public port-au-princien, à cause de la magie des mots, de la sonorité du verbe, de la force évocatrice des épithètes , mais à travers laquelle perce déjà cette nostalgie, ce rêve de fraternité, de solidarité qui imprègne toute l'œuvre et la vie de l'auteur[e] » (Madeleine Gardinier). Son premier roman, *Fille d'Haïti*, parait en 1954, couronné la même année par le prix de l'Alliance française. Trois ans plus tard, elle fait paraître *La danse sur le volcan*, un roman qui porte sur la période révolutionnaire haïtienne, se servant ainsi de la jeune métisse, Minette, pour mettre en valeur les futurs héros de l'indépendance, entre autres, Pétion, Rigaud, Beauvais, Vincent Ogé. Tous des braves et des courageux. « C'est le roman historique par excellence de la littérature haïtienne. Ce récit nous apprend plus sur les origines de notre société que beaucoup de livres d'histoire souvent muets sur des problèmes pourtant essentiels qui nous minent jusqu'à ce jour. », nous dit Gary Victor. Et pour Kettly Mars, « elle est une perle de la littérature haïtienne. »

« *Marie Vieux-Chauvet est une perle de la littérature haïtienne* »

Si *Fond des nègres*, roman publié en 1960 et qui a reçu le prix France-Antilles la même année, met déjà en lumière la corruption de la classe paysanne haïtienne par le pouvoir, sa trilogie *Amour, Colère et Folie* (1968) est ce livre qui n'a cessé de défrayer la chronique dans les milieux littéraires, tant en Haïti qu'à l'étranger. Ce roman est, sans conteste, le chef-d'œuvre de Marie Vieux-Chauvet. On doit surtout reconnaitre le soutien de Simone de Beauvoir, ayant reconnu toute la valeur et la portée de l'œuvre et à qui elle avait envoyé le manuscrit, pour sa publication aux éditions Gallimard. Un véritable cri de révolte, de fureur contre l'ordre social inégalitaire, les passions politiques et l'ordre sexuel pervers où les femmes sont sujettes à toutes les formes de violence et de brutalité. Avec ce livre, Marie Vieux-Chauvet se révèle être une vraie révoltée contre les tabous, l'oppression politique et sexuelle, l'hypocrisie et le conformisme et surtout la bourgeoisie traditionnelle dont elle fait partie.

Le roman est très controversé. Ainsi commence une vie très difficile pour Marie Vieux-Chauvet. Ayant suscité la fureur de François Duvalier qui a, probablement, lu le livre –on l'imagine, le vieux médecin, la rage entre les dents– Vieux-Chauvet, en exil à New York, sursoit sur la publication. Sa famille est déjà dans le collimateur de Papa Doc. Elle en compte déjà trois victimes dont deux neveux assassinés et un autre porté disparu. Retiré de la circulation, le roman attire de plus en plus au point de devenir une denrée rare. Dès lors, la côte de popularité de la romancière va en crescendo. En plus d'être lue et enseignée dans des universités américaines, elle sera l'objet de nombre d'études critiques.

En effet, *Amour, Colère et Folie* est sans doute l'œuvre la plus lue et la plus connue de Marie Vieux-Chauvet. Considérée comme celle ayant fait sa renommée, elle est aussi et surtout celle à avoir révélé et consacré ses talents d'écrivain. De 1968 –date de sa première publication à nos jours –il demeure tout à fait vrai que c'est un livre qui a suscité pas mal –pour ne pas dire le plus de commentaires dans les milieux littéraires. Si certains critiques n'ont pas cessé de vanter les qualités de son écriture, d'autres y voient un tableau terrifiant du régime sanguinaire et obscurantiste de François Duvalier dit Papa Doc.

« Amour, Colère et Folie *est sans doute l'oeuvre la plus lue et la plus connue de Marie Vieux-Chauvet* »

Son dernier roman, *Les rapaces*, publié à titre posthume en 1986 par les soins de la maison Henri Deschamps, en lieu et place d'*Amour, Colère et Folie* qui a remporté le prix Deschamps la même année, a été écrit en exil. Premier réquisitoire littéraire contre le régime fasciste de Jean Claude Duvalier dit Baby Doc, il s'agit d'une véritable peinture des cruautés, crimes et exactions du régime. L'univers du roman est d'une épouvante sans précédent. Roman de la honte, de la misère et de la fin (la fin d'un régime totalitaire opposée à la faim persistante des pauvres), c'est aussi le roman du refus, de la révolte et de la résistance. Le refus de l'inacceptable, de vivre dans la crasse ou de mourir comme des chiens. La révolte face à l'oppression, la tyrannie et la peur du gendarme. C'est aussi –et c'est le cri d'expression du héros– la résistance ou plutôt le lieu de résistance de tous ceux qui ne veulent pas être réduits au silence ou voir leur rêve partir en fumée.

Écrivain d'avant-garde comme l'a si bien souligné l'essayiste Madeleine Gardinier, Marie Vieux-Chauvet est un parfait symbole de l'écriture du roman moderne haïtien. Peintre à la fois réaliste et douée d'un sens poussé de l'imagination, elle décrit avec force et menus détails les tares et les travers d'une société en proie à ses propres démons, s'il faut reprendre cette expression chère à Yanick Lahens. Une révoltée pour certains, une femme rangée pour d'autres. Alors qu'elle « n'est ni sainte, ni martyre, rapportent ses enfants, mais [tout] simplement une femme qui détestait par-dessus tout le cynisme, la veulerie et l'injustice. »

> « Marie Vieux-Chauvet est un parfait symbole de l'écriture du roman moderne haïtien »

Dieulermesson Petit Frère, M.A.

# Rencontre avec Jean Daniel Heurtelou, neveu de Marie Vieux-Chauvet

*Après de longues années de silence et une solitude amère au cimetière de Port-au-Prince, l'écrivaine Marie Vieux-Chauvet de renommée internationale reçoit un hommage mérité en Haïti en 2016. « Livres en folie », l'événement culturel le plus important, lui est consacré. Des témoignages émus, des critiques plus ou moins correctes, la réédition des livres de l'auteure, l'exposition des photos de famille font l'objet d'une curiosité immense chez les lecteurs et les gens de lettres.*

**Marie Alice Théard-** *Jean Daniel Heurtelou, vous êtes un neveu de l'écrivaine, quels sont les rapports entre la puissance expressive des textes de Marie Chauvet et son vécu.*

**Jean Daniel Heurtelou-** La puissance expressive des textes de Marie puise dans sa générosité à sa sensibilité, son empathie, son ouverture aux autres. J'ai été proche d'elle durant la période qui va de ma petite enfance à 1962, année où j'ai quitté le pays quelques six mois avant la grande purge d'avril 1963. Je ne l'ai revue que neuf années plus tard à New York. Elle avait refait sa vie et je la trouvai changée, plus grave, ou moins enjouée que la Marie d'autrefois. Je me souviens de la période heureuse qui suivit son mariage avec son second époux, son prix de l'Alliance Française pour *Fille d'Haïti*, l'élaboration laborieuse de *La Danse sur le volcan* avec l'aide précieuse dans sa mise en contexte historique de Jean Fouchard, son travail acharné quand elle s'enfermait tôt dans son petit bureau pour n'en sortir qu'à l'heure du déjeuner et de la sieste. Longue sieste où parfois elle me parlait de son roman, de son héroïne Lotus et du héros Jean-Baptiste Lapointe, de ses références, par exemple de la première phrase de *Salammbô* de Flaubert qui vous plonge immédiatement au cœur de l'action, et aussi d'*Autant en emporte le vent*... car elle voulait écrire une

*« La puissance expressive des textes de Marie puise dans sa générosité, son empathie, son ouverture aux autres »*

fresque épique, et quand son roman historique parut chez Plon, je le dévorai comme j'avais dévoré *Les frères Karamazov* de Fiodor Dostoïevski et *Spartacus* de Howard Fast.

Elle me parlait de ses lectures, de Steinbeck, Hemingway mais c'est surtout Faulkner dont elle appréciait l'immense talent qui la fascinait, l'hypnotisait presque. Elle faisait aussi référence à Margaret Mitchell dont la grande fresque historique exaltait au point qu'elle lui servit de modèle et ambitionnait un succès similaire à ce « best-seller » américain pour son nouveau roman.

L'époque semblait légère et propice aux rêveries voire aux divagations. Le dimanche, sa maison devenait le point de rencontre de presque toute la famille. L'on déjeunait à la bonne franquette. L'après déjeuner donnait lieu parfois à de discussions épiques entre admirateurs de chanteurs d'opéra : callasiens et tébaldiens s'opposaient farouchement et en finale, Marie, pour mettre un terme aux polémiques, faisait la voix du haut. Elle devenait Callas Médée, un couteau à la main et mon père, lui, faisait Di Stefano ...cris, hurlement et fou rire...

Et dans un temps très court, toute cette bonne humeur cessa. La récréation se terminait. Nous passions à d'autres temps, aux temps de l'épouvante…

**MAT-** *Faisant partie des romanciers modernes, Marie Chauvet reste malgré tout différente par l'investissement de son être intrinsèque dans ses écrits. Elle est partie prenante des troubles sociaux et des drames collectifs qu'elle décrit. Parlez-nous de cette écrivaine romanesque et de ses longs moments de réflexion.*

**JDH-** Je pense que la question sociale chemine en filigrane dans toute son œuvre. J'ai perçu Fille d'Haïti comme une histoire ancrée dans la réalité coloriste de 1946. Marie dont les parents ne vivaient pas dans l'aisance, contrairement à toute

> « *La questio sociale chemine en filigrane dans toute l'oeuvre de Marie* »

cette histoire inventée sur ses origines de grande bourgeoise, s'était faite des amis dans tous les milieux sans distinction de classe ou de couleur.
Elle fut, à mon avis, choquée par le sectarisme de cette époque qui suivit la chute de Lescot et qui répondait en miroir à la morgue du mulâtrisme précédent. Elle était à mille lieux de la mesquinerie ambiante et de tout cet atavisme coloriste qui empoisonne depuis toujours la société haïtienne.
*La Danse sur le volcan* renvoie à mon avis par son titre au malaise social de l'époque de « Kanson Fè », à l'insouciance des « élites » jouisseuses qui vivaient en vase clos, dans l'entre soi, pour l'apparence et les mondanités et au fossé abyssal qui existait entre le monde de la ville et celui de la campagne. Elle en était consciente, ce qui la porta quelques temps après à s'immerger dans le monde paysan pour le comprendre et témoigner de ses conditions réelles de vie, de ses difficultés et souffrances. Elle ne le fit pas à la manière de Jacques Roumain avec le regard de l'intellectuel féru de philosophie et d'ethnologie qui transpose la lutte des classes dans le monde paysan mais avec celui de l'empathie et de l'humilité. Son lien avec le monde paysan fut la femme qui travaillait en domesticité chez elle et qui s'appelait Mémé. Mémé toujours souriante chez qui elle séjourna à Fonds-des-Nègres pour s'immerger dans son milieu… D'où le titre du roman.
En ce qui concerne les romans qui suivirent la *Danse sur le volcan*, je dois avouer, non sans une certaine gêne, que je n'en n'ai lu que des bribes. J'avais délaissé le roman pour le récit, l'essai et d'autres domaines et me contentait de romans d'aérogare du genre *Da Vinci Code* que je lis en voyage.
Marie portait très haut un idéal d'union, d'honnêteté envers soi et les autres, d'altruisme, de partage et de solidarité. Une anecdote qui dit son altruisme et son sens du partage : Tous les ans son beau-père qui habitait New York, rentrait passer la Noël en Haïti, non sans avoir fait razzia de jouets pour son

petit-fils. Ces derniers, rangés dans une énorme caisse en bois, étaient livrés par camion au domicile de Marie. Elle en faisait deux lots. L'un pour son fils et l'autre pour d'autres enfants qui ne recevaient pas de joujoux. Elle avait peine à comprendre toute cette prodigalité de la part du grand-père.

Ses réflexions sur la question politique et sociale se firent plus insistantes à la chute de Magloire et au début de Duvalier chez qui la volonté manifeste de nivellement s'affirmait. Au « Je gouvernerai avec la lie » de Duvalier, elle répondait « Il faut faire monter ceux d'en bas et non vouloir le ravalement par le bas ». De tels propos diffusés dur les ondes constituaient pour elle la pire des monstruosités et quand elle écoutait de la musique classique elle se demandait à haute voix si ces harmonies merveilleuses n'auraient pas la vertu d'amadouer le cœur des hommes.

Je ne sais pas comment elle vécut ce qui devait advenir par la suite quand vint le temps de l'effroi, de la colère et du deuil. Ces situations terribles nourrirent la suite de son œuvre romanesque. J'étais à l'époque de l'autre coté de l'Atlantique et les nouvelles qui venaient d'Haïti étaient de plus en plus terrifiantes. Les lettres en provenance de chez nous se faisaient rares à cause de la censure et à cause du fait également que peu de personnes acceptaient de s'embarrasser de missives compromettantes pour les poster à l'étranger.

Un jour, cela devait être en 1968, elle me téléphona de Paris me disant qu'elle était venue finaliser la publication de son dernier roman chez Gallimard et se ferait une joie de me revoir. Je ne pus aller la rejoindre faute de moyens car le billet d'avion Milan-Paris me semblait hors de prix. Quelques temps après, elle m'annonça dans une autre lettre son divorce et son remariage.

Je ne la revis que trois fois à New York avant sa mort et pour de courts moments. Nous n'eûmes pas le temps de converser en profondeur. La dernière fois, c'était à Noël 1972. Elle habitait

Upstate New York et venait d'être opérée d'un cancer du cerveau.

**MAT-** *Est-il honnête de juger les écrits de Marie Chauvet en évoquant seulement sa compassion pour les défavorisés ? Quelle est l'attitude de la famille face à Amour, Colère et Folie alors que vous êtes des victimes du régime dictatorial de l'époque? Voulez-vous nous décrire l'ampleur de la tragédie?*

**JDH-** Je n'ai jamais perçu Marie sous l'angle compassionnel, si l'on entend par compassion de la pitié au sens chrétien. Je pense que ses écrits constituent le témoignage de quelqu'un de sensible à la condition humaine, aux drames sociaux dont nous sommes les acteurs. Compassion, non, mais plutôt un sentiment de révolte contre l'injustice, surtout au moment où se dessinaient les contours de la dictature des Duvalier. L'affaire de son neveu Maxime Vieux au tout début de ce régime l'avait profondément marquée. Elle se rendait quotidiennement à l'Hôpital Général où il était interné et enchaîné et allait jusqu'à passer des nuits à son chevet, dormant au pied se son lit.
Je ne pense pas qu'elle avait une explication rationnelle à tout ce bruit et à toute cette fureur ambiante, sinon que pour elle le mal était enfoui au cœur de l'Homme et qu'il fallait tout faire pour l'en extirper, aspirer à s'élever et fuir la tentation des ténèbres. Elle fut une fervente admiratrice de Fidel Castro, du barbudo de la Sierra Maestra à l'aube de la Révolution Cubaine. Le resta-t-elle ? J'en doute.
Elle n'était pas une « intellectuelle » comme on veut nous le faire croire et était loin d'avoir la morgue de ceux qui « savent » et ont une explication à tout et une justification pour tout, car elle n'avait pas le socle de culture philosophique et historique sur lequel elle aurait pu assoir des certitudes. Elle fréquentait à cette époque des gens de culture au domicile de Thomas Lechaud qui était un gentilhomme d'une grande

*« Marie fut une fervente adminratrice de Fidel Castro »*

affabilité et chez qui, jeunes ou vieux, savant ou désirant s'instruire, on était toujours le bienvenu. On pouvait y rencontrer Etienne et Ghislaine Charlier, Price Mars, Max Sam, Léon Laleau, Anthony Lespès qui conversaient sur la littérature, la sociologie, la philosophie politique. Cela se faisait toujours sur un ton aimable avec une volonté pédagogique pour se mettre à la portée de tous.

Elle n'était pas non plus cette « Grande Dame » que l'on tente de nous vendre avec toutes sortes d'arguties sur le marché de la communication, mais une personne grande d'âme et qui était à la fois consciente de la fragilité du contexte dans lequel elle évoluait que de sa propre fragilité.

> «...une personne de grande d'âme et consciente de la fragilité du contexte dans lequel elle évoluait »

Pour ce qui est des réactions de la famille à la publication de son dernier roman, c'est à mon retour en Haïti en 1971 que je me rendis compte que la sortie contrariée d'*Amour, Colère et Folie* avait eu un effet pétrifiant sur certains dont les nerfs étaient toujours à vif et qui n'avaient pas encore fait leur deuil de cette décennie de crimes.

**MAT-** *Nos pratiques sociales d'alors sont décrites avec une aisance esthétique hors du commun par Marie Chauvet. Y puisait-elle une thérapie ? Pourquoi ce long silence autour de ses livres alors que la dictature prend fin en 1986?*

**JDH-** Toute écriture est une thérapie et si elle écrit avec une aisance esthétique les pratiques sociales haïtiennes, c'est qu'elle s'y distanciait et les questionnait en profondeur pour mieux les « contextualiser ».

Comment expliquer ce long silence autour de ses livres après sa mort en dépit du fait que ses enfants se soient battus pour la faire rééditer? Indifférence, oubli dû au fait qu'elle était passée de mode, absence au niveau journalistique d'une vraie culture littéraire qui guide et met en exergue certains textes fondamentaux, ou bien sentait-elle toujours le souffre? Je n'ai pas de réponse.

Elle n'est cependant pas tombée dans l'oubli comme on le dit car elle vit dans les départements d'études littéraires haïtiennes et caraïbes de grandes universités américaines. Et c'est cela l'important !

**MAT-** *On connaît les rapports de Marie Chauvet avec les paysans de Kenskoff. On relate des soirées sous la lampe à kérosène faisant du théâtre auxquelles assistaient des gens de toutes classes sociales. Peut-on parler d'un manque de sincérité ou seulement d'empathie quand elle décrit ce milieu évidemment différent du sien? Peut-elle être parfois une écrivaine artificielle?*

**JDH-** Je n'ai pas souvenir de telles activités théâtrales pour les paysans de Kenscoff et gens de toutes classes sociales. Je pense que si elle faisait du théâtre pour tous, c'est pour s'amuser tout en créant un moment de célébration mystérieuse de la vie, de magie poétique partagée, un peu comme dans certains films de Bergmann. Elle devait sans doute le faire avec un sens du jeu et une sincérité absolue. Je ne trouve aucune artificialité dans ses écrits, du moins ceux que j'ai lus, mais plutôt une grande intégrité.

**MAT-** *L'écrivaine féministe, Simone de Beauvoir, l'encourage à publier. Cette relation a-t-elle influencé les décisions de Marie Chauvet de tenir tête à sa famille? Notre admiration lui est acquise pour avoir assumé son rôle d'écrivaine, allant jusqu'au choix d'un exil pénible loin de ses enfants et de son pays. Avant son troisième mariage qui lui offre une certaine aisance, elle se heurte à des difficultés et des tâches humiliantes avec les conséquences que nous connaissons. Dépeignez-nous cette époque.*

**JDH-** Je me questionne encore sur sa décision de publier *Amour, Colère et Folie* en pleine dictature. Risque calculé ? Je ne sais pas et les non-dits sont nombreux. S'il est vrai que sur le marché politique et sous prétexte des « droits de l'homme », la dissidence a parfois donné lieu à d'âpres marchandages entre puissances pour des questions d'image et de propagande …. Rappelons-nous Soljenitsyne, Kasparov, Kundera, Arenas…, l'on se demande si prendre fait et cause pour une dissidente haïtienne eut été une priorité pour la France gaulliste de Pompidou ? Était-elle prête à l'époque à lever le petit doigt en faveur des proches de Marie si ces derniers avaient été objet de représailles alors que cette même France s'était portée au secours du régime quand l'administration américaine décida de s'en débarrasser quelques années auparavant ?
Marie s'était-elle lancée sans parachute dans le vide sur un coup de tête et par esprit romanesque ? Elle dut connaître j'imagine, durant cette période d'exil forcé, des moments d'angoisse et de doutes et je ne pense pas que la gêne matérielle dans laquelle elle se retrouvait fut pour elle la chose la plus éprouvante. Je dirais plutôt l'incertitude du futur. Sa vie comme en suspens.
Je ne pense pas par ailleurs que les travaux qualifiés « d'humiliants » l'aient été réellement pour elles. C'étaient certes des travaux ingrats qu'elle fit durant un court laps de temps. Elle m'en a parlé une fois brièvement comme d'une expérience pénible physiquement et elle l'a fait sans aigreur, sans ressentiment.

**MAT-** *Quels étaient les rapports de Marie Chauvet avec l'histoire, le nationalisme, la culture, la religion, les préjugés et l'ostracisme dans sa vie au sein de la société haïtienne ? Quelle image d'elle vous a le plus marqué ?*

**JDH-** Marie était une « fille d'Haïti » avec tout ce que cela entend de fierté nationale, d'amour viscéral pour son pays et pour ses concitoyens. Elle est issue d'une génération qui s'abreuva d'un idéal national, de principes nobles, du sens de l'honneur et de la parole donnée et du respect de l'autre. Elle détestait l'hypocrisie. Elle portait en elle un idéal de beauté et de droiture et n'a jamais transigé sur ses principes. Elle cultivait une forme d'idéal romanesque et héroïque de la vie qu'elle aimait passionnément. Elle a toujours écouté et laissé parler son cœur.

L'image que je garde d'elle est celle d'un être de lumière, fragile comme la lumière, dansant sur la pointe des pieds nus un pas de deux en chantonnant *Panama mwen tombe*, une pointe de sa jupe relevée, une fleur de chou black ornant sa chevelure ondulée.

*Propos recueillis par Marie Alice Théard IWA/AICA*

## • Troisième partie

## Lectures

**159 Fille d'Haïti**
   Par Wébert CHARLES

**162 La danse sur le volcan**
   Par Alix EMERA

**167 Fonds des Nègres**
   Par Dieulermesson PETIT FRERE

**170 Amour...**
   Par Mirline PIERRE

**173 ...Colère**
   Par Jethro ANTOINE

**177 ...Folie**
   Par Kernst CALIXTE

**180 Les rapaces**
   Par Mirline PIERRE

L'engagement de Marie Vieux-Chauvet dans *Fille d'Haïti*, comme ce sera le cas de toute son œuvre est pluridimensionnel : contre l'oppression, les tabous. Dans ce roman, l'auteure prête sa voix aux démunis, aux plus pauvres...

Marie Vieux-Chauvet, ***Fille d'Haïti***, Léchelle, Zellige, 2014, 288 pages.

Les éditions Zellige ont réédité dans la collection Ayiti, le premier roman de Marie Vieux-Chauvet *Fille d'Haïti* publié pour la première fois en 1954. Ce livre, qui avait reçu le prix de l'Alliance française dès sa parution, était resté indisponible en Haïti aussi bien qu'à l'étranger. Et il n'est pas étonnant d'entendre tel «spécialiste» autoproclamé de Marie Vieux-Chauvet rapiécer les mêmes discours sur l'auteure, la résumant à sa trilogie *Amour, Colère et Folie* (1968). Il existe une Marie Vieux-Chauvet inconnue, qu'on trouverait non pas dans *Les rapaces* (1986), mais dans une nouvelle fantastique *Ti-moun nan bois* publiée dans la revue *Optique* en 1954 ou dans ce roman fraîchement réédité par les éditions Zellige.

« Je m'appelle Lotus ». Un roman qui débute par cette phrase laisse sans doute croire qu'il s'agira au bout des pages d'une histoire de fleurs ou d'amour, dans une campagne à Fonds-des-Nègres ou dans n'importe quelle contrée d'Haïti. Mais, détrompez-vous, cette fleur orientale cache sous sa tige d'étranges surprises. Le roman met en scène Lotus, jeune fille qui porte en elle le lourd fardeau d'une mère putain mais aussi celui non moins lourd du métissage dans une île où la couleur de la peau peut jouer en votre faveur ou défaveur selon la « mode » du pouvoir, selon la tête du chef de l'État. Jeune fille indifférente, insoucieuse, Lotus va faire la rencontre de trois hommes qui vont changer le cours de sa vie : son voisin cordonnier, le vieux Charles, qui va lui révéler son âme, le docteur Garcin, ancien amant de sa mère qui lui permettra de voir une nouvelle face de cette putain qu'elle a haïe toute sa vie, et son amant Georges Caprou qui va lui apprendre à s'ouvrir ; faire de la défense du droit des pauvres à un mieux-être l'objectif premier de sa vie.

Ainsi, après quelques années d'indécision, Lotus rejoint un groupe de révolutionnaires, participe à des meetings et manifestations jusqu'au renversement du régime en place, sans doute celui d'Élie Lescot (1941-1946). L'engagement de Lotus aux côtés de son amant Georges est aussi un engagement d'amour, une preuve de bravoure, une envie d'accompagner cet amant dans ses rêves les plus fous. Ainsi, la révolution réussie, les amants rêvent d'espoir. « Enfin tout est fini, dit Georges à Lotus. Nous allons pouvoir regarder l'avenir, et nous aimer et nous marier » (p. 215). Mais, l'Histoire (avec un grand H) n'est pas toujours un roman à fin heureuse, un conte d'amour dans lequel les héros « vécurent ensemble longtemps et eurent beaucoup d'enfants ». Vite la désillusion s'empare des révolutionnaires. Si leur combat leur a permis de sortir d'un régime despotique, ils entrent automatiquement dans un autre beaucoup plus terrifiant. Le pays est divisé en deux clans, tous les mulâtres qui occupaient des postes dans l'administration publique sont remplacés par des Noirs. « Des leaders noirs veulent prouver au peuple que seuls les mulâtres sont responsables de nos malheurs » (p. 215). « On lui dit [au peuple] : si vous êtes pauvres, c'est grâce aux bourgeois, et les bourgeois ce sont les mulâtres » (p. 256). La situation est devenue tellement difficile que Lotus se met à vendre des mangues, étant dans l'incapacité de payer sa servante et son gardien. Georges s'exile à Kenscoff avec le groupe de ses amis, hébergé par un ami noir. Lotus va donc connaître des moments difficiles, le viol, la mise sous contrôle de sa maison à la rue Bolosse... Mais le combat continuera, jusqu'à la mort de Georges, écrasé par un camion tandis qu'il sauvait un enfant noir.

Marie Vieux-Chauvet est un écrivain engagé aux côtés des pauvres. La condition des pauvres, impuissants, victimes de régimes totalitaires, est au cœur de son œuvre. Que ce soit dans *Les rapaces* ou dans *Amour, Colère et Folie*, le même combat contre l'oppression, la dictature et pour des conditions de vie meilleures se fait sentir. Comme cela existe chez Jacques Roumain ou chez Jacques Stéphen Alexis. Mais l'auteure est moins connue que ces derniers, dans la catégorie des écrivains engagés. Avec *Fille d'Haïti*, Marie Vieux-Chauvet nous apprend que l'Histoire de cette terre est une perpétuelle lutte contre la dictature, le totalitarisme et la méchanceté. À partir de ce livre écrit en 1954, bien avant la montée de François Duvalier au pouvoir, on comprendra que ce dernier n'a pas inventé la terreur, le noirisme extrémiste, la persécution des commerçants, des mulâtres… Mais que soit sous le gouvernement de Duvalier ou sous les régimes qui l'ont précédé, Marie Vieux-Chauvet reste un écrivain qui dénonce, parle, prête sa voix aux démunis, aux déshérités quels que soient leur statut et la couleur de leur peau.

**Wébert CHARLES, M.Sc.**

Ce livre revient sur une époque troublante de l'histoire d'Haïti, autrefois Saint-Domingue, la plus riche des colonies françaises. Jamais roman n'a évoqué avec autant d'acuité la violence et les cruautés de la colonisation.

Marie Vieux-Chauvet, *La danse sur le volcan*, Léchelle, Zellige, 2009, 400 pages.

À l'origine de tout pouvoir il y a un manque à combler, une forme d'inégalité qui perdure. La relation s'établit entre celui qui, parce qu'il possède ce qui manque à l'autre ou qu'il tire un bénéfice de cette inégalité, peut exercer une influence (c'est le dominant) et celui qui subit ou accepte cette influence (le dominé). Mais dès le départ, du fait même de leur position et de leur rôle, il y a une contradiction venant du fait que l'un ne peut exister sans l'autre. En outre, dominant et dominé ne sont pas toujours ceux que l'on pense. Tout est une question de perception et de choix idéologique.

Il existe divers types de pouvoirs et diverses manières d'exercer un pouvoir. Pouvoir et exercice du pouvoir ne sont pas forcément négatifs. Ils sont même si indispensables au sein d'une société : qu'il s'agisse des parents par rapport à leur progéniture, du professeur dans sa salle de classe, de l'entrepreneur par rapport à ses employés, des autorités politiques par rapport aux administrés, des media par rapport à la population... Bref, il ne pourrait y avoir de société humaine – ni même animale – sans guides ni repères ni garde-fous.

Le pouvoir s'exerce dans des cadres bien précis : institutions, famille quartier, école, profession, religion... Il a ses représentants, ses enjeux, ses stratégies, ses outils. Mais pour que l'on puisse parler de relation, il faut un consensus entre les deux partenaires, dominant et dominé. Consensus fragile, surtout quand le rapport de domination s'exerce par la force, la coercition. Le pouvoir suscite alors la résistance : le dominé, à son tour, veut influencer le dominant. Ainsi l'on parlera de « pouvoir d'en haut » et de « pouvoir d'en bas ».

Cependant, le pouvoir dominant (celui d'en haut) a ses failles, ses contradictions, par exemple le besoin de se justifier, la recherche d'une image positive de lui-même, la quête de « l'amour » ou, à défaut, de l'approbation ou de la crainte du dominé. Et c'est là que ce dernier va chercher à se faufiler, soit pour tirer quelques menus avantages, soit pour modifier et même déstabiliser le système.

Au cours des périodes qui précèdent les grands bouleversements sociopolitiques, les rapports entre pouvoir d'en haut et pouvoir d'en bas ont tendance à s'exacerber de plus en plus jusqu'à la rupture. Le second roman de Marie Vieux Chauvet, *La Danse sur le volcan* (1957), a pour cadre Saint-Domingue à la fin du XVIIIe siècle, à la veille de la révolution. Dans cette vaste fresque, l'auteur nous promène à travers la nouvelle capitale coloniale – Port-au-Prince – en mettant l'accent sur la vie difficile des affranchis de condition modeste. Pour la plupart métis bâtards, craignant sans cesse et à juste titre d'être réduits à l'esclavage, ils sont en permanence exploités, humiliés, harcelés par les blancs. Ils se meuvent dans la ville comme dans un espace piégé où le malheur frappe souvent sous forme de bousculades meurtrières, de bagarres, de viols de mulâtresses par des blancs assurés d'impunité, de procès truqués.

Le pouvoir d'en haut est détenu par les blancs : autorités coloniales, colons, militaires, petits blancs... Ils ont tout intérêt à maintenir le statu quo qui leur fournit tous les privilèges, non seulement les biens matériels mais aussi la conviction d'être les plus forts. Ils disposent de nombreux moyens pour parvenir à leurs fins : la législation basée sur le préjugé de couleur, la force armée, la possession de la majorité des richesses, la religion, l'appui de la métropole... Le pouvoir d'en bas, ce sont les affranchis, en majorité métis, dont les atouts sont la beauté, le talent artistique, la formation intellectuelle, l'endurance au travail, la ruse, la haine du système. Dans les deux groupes se dégagent des personnages types : les « purs et durs », les « sournois », les passifs. Ces types se rencontrent dans les deux groupes :

Parmi les « purs et durs », le colon Caradeux, riche, arrogant, cruel ; Jean-Baptiste Lapointe, colon métis, aussi cruel que les blancs, il nourrit une haine féroce contre toute la société, même ceux de sa classe qu'il méprise alors qu'il est un membre influent du réseau de résistance. Lacombe, affranchi noir issu d'une famille qui a acheté sa liberté au prix de douloureux sacrifices. Vincent Ogé et ses compagnons dont la témérité les conduira à l'échec de la révolte armée et au supplice final décrit avec un réalisme à la limite du soutenable.

Les « sournois » ne sont pas forcément des personnages négatifs, seulement ils aident les opprimés tant que cela leur est utile, comme cet esclave doué pour le violon qui, après avoir été le chouchou des Saint-Ar est vendu lorsqu'il ne peut plus jouer aussi bien, ou tant que cela ne met pas leur situation en péril. Grace à M. et Mme Acquaire, Minette, l'héroïne, a pu travailler sa voix et s'imposer même aux plus récalcitrants. En revanche ils l'exploitent à l'occasion des concerts. M. et Mme Saint-Ar accueillent très bien Minette, mais la jeune fille finit par découvrir que ses hôtes ne l'invitent jamais à table lorsqu'ils reçoivent des blancs.

La résistance pend des formes « sournoises » comme la prostitution, qui permet aux créatures superficielles comme Bouche en cœur de mener une vie facile en se faisant entretenir par de riches colons. Mais pour d'autres c'est une expérience pénible et nécessaire : Jasmine, la mère de Minette et Lise, ainsi que la mère des Lambert ont dû passer par là pour réunir la somme prévue pour l'achat de leur liberté.

Plusieurs personnages travaillent de manière clandestine à miner le système : organisation d'évasion d'esclaves, cours particuliers dispensés à Minette et Lise par Joseph Ogé…

Les passifs, c'est la grande masse de ceux qui se résignent tout en cherchant leur survie dans cet univers féroce, petites commerçantes comme Jasmine, tout le peuple qui défile tous les jours dans les rues.

Le système colonial, comme tout autre, présente des failles qui le fragilisent. D'abord, les contradictions que l'on retrouve dans les groupes et chez les personnages. La haute société, passionnée de spectacles, malgré ses préjugés, fait une exception pour Minette dont la voix est incomparable. Elle devient l'idole d'un public qui la réclame à cor et à cri. Parmi les blancs, certains, sans remettre en question le système, en réprouvent les méthodes ; c'est le cas du riche planteur qui sauve Minette au moment où la police allait l'arrêter ou de l'autre qui, en pleine rue, cache un esclave en fuite. Minette et Jean-Baptiste Lapointe forment un couple très particulier. Elle qui rêvait de libérer tous les esclaves tombe amoureuse d'un sang-mêlé qui ne cache pas son mépris pour toutes les classes. Lui-même, malgré ses sentiments racistes, éprouve une violente passion pour une mulâtresse ; plus étrange encore, il est l'un des leaders de la résistance des affranchis. La fille de Caradeux vient en aide à ceux qui cherchent à détruire son père et tout ce que ce dernier représente.

Si le roman met l'accent sur la situation des affranchis, les esclaves ne sont pas absents. Leur lutte apparaît dans les départs pour le maquis, au cours duquel ils sont aidés par des affranchis. À la fin, des nouvelles venant de la Métropole vont exacerber toutes les tendances. Il est question de révolution, de liberté, d'égalité, de droits de l'homme. Chacun réagit en fonction de ses intérêts : les grands planteurs blancs en sont ulcérés, les affranchis y voient la possibilité d'une issue favorable à leurs attentes, les blancs pauvres rêvent d'éliminer les riches afin de prendre leur place. Les nuits sont déchirées par les hurlements des lambis et les battements des tambours des marrons, invisibles mais cernant la ville où les possédants frémissent en imaginant une prochaine apocalypse.

Pendant ce temps, chaque soir les spectacles font salle comble. On continue à jouer des sommes faramineuses. Les spéculations vont bon train. Sans le savoir, la colonie danse sur un volcan. Les autorités et les blancs « purs et durs » ont beau renforcer les méthodes de torture et d'intimidation, assurés que leur système durera jusqu'à la fin des temps, mais la catastrophe tant redoutée arrive ; Mademoiselle de Caradeux, malgré sa bonté, ne sera pas épargnée. Minette, grièvement blessée après avoir assisté, impuissante, au massacre des siens, est sauvée grâce à la diligence de Lapointe. Mais ce ne sera qu'un sursis.

Publié en 1957, ce roman peut, avec le recul du temps, sembler prémonitoire. En effet, après dix années de calme (1946-1956) et des signes d'une relative prospérité – du moins dans les villes – notre pays allait sombrer dans l'une des plus féroces dictatures de son histoire. Et l'un des reproches adressés au débonnaire président Magloire n'était-il pas son goût pour le faste, les bals somptueux à Cabane Choucoune, au Club Camaraderie ou à Riviera ? L'élite qui l'entourait ne voyait pas, ou ne voulait pas voir, les nuages qui s'amoncelaient à l'horizon : les routes mal entretenues transformées en torrents durant la période pluvieuse, la bidonvilisation de la capitale, les faibles revenus des paysans et ouvriers, les abus de pouvoir de quelques proches du régime...

Signalons encore une forme de militantisme féministe assez subtile.

Marie Vieux-Chauvet ne tombe pas dans les clichés maladroits. Cependant, ses romans présentent toujours une héroïne qui lutte pour s'affirmer, développer ses talents, participer activement au progrès de sa société tout en gardant son indépendance, son droit de choisir sa propre vie.

**Alix EMERA, Ph.D.**

Roman champêtre dans le sillage de *Gouverneurs de la rosée* de Jacques Roumain, *Fonds des Nègres* offre une belle leçon d'amour sur le communautarisme et le vivre-ensemble.

Marie Vieux-Chauvet, **Fonds des Nègres**, Port-au-Prince Imprimeur S.A., 2016, 240 pages.

*Fonds des Nègres* est le troisième roman de Marie Vieux-Chauvet. Il a été publié pour la première fois en 1960 aux éditions Henri Deschamps et a reçu la même année le prix France-Antilles. Dans ce livre, Marie Vieux-Chauvet emmène le lecteur dans une petite ville de province dénommée Fonds-des-Nègres, située dans le Sud d'Haïti pour lui faire vivre la vie humble et misérable d'un groupe de paysans attachés aux valeurs ancestrales. L'action se passe dans une localité reculée, dans les mornes, où les habitants terrorisés par le désespoir et la faim, les querelles et les abus des autorités politiques ne vivent que des rêves chimériques qui emplissent leur quotidien.

Comme Fonds-Rouge dans *Gouverneurs de la rosée* de Jacques Roumain, Fonds-des-Nègres se trouve défigurée, asséchée par le comportement irresponsables des villageois qui ont pratiquement tout déboisé, soit pour construire des cases soit pour faire du charbon. Et voilà que toute la bonne terre est emportée par les eaux et plus rien ne pousse. Il a fallu le débarquement de Marie-Ange Louisius, la fille d'Elisa Louisius, dans la petite cahute de sa grand-mère Mériga Louisius, dit grande Ga, pour que change le cours des événements. Et cette idylle qui prend chair entre Facius et Marie-Ange. Cette dernière est initiée au vaudou et propage la parole de sagesse qui doit délivrer la communauté. Quoiqu'étrangère aux modes de vie crasseuses, en plus d'apporter l'espoir, elle finira par dessiller les yeux des habitants sur la cause de cette malédiction qui les frappe. Tout ceci avec l'aide du Houngan Beauville et de Facius qui ont pu déjouer les plans des autorités étatiques et des grands propriétaires de déposséder les paysans de leurs terres.

Le roman s'ouvre dans un accent de regret et de remords. Le célèbre Houngan Beauville, le papa, serviteur d'Ogoun-Feraille, maître des lieux, est un homme auquel toute la population voue un respect sans borne. Sur la route qui mène chez lui, il se lamente sur le mal qui s'abat sur eux suite au désastre écologique. Ses pensées le mènent à l'époque où il faisait le trajet à pied de cette province à la capitale en quête d'un meilleur train de vie. Mais ce qu'il ne savait pas c'est que chez lui, la mort l'attend. Une autre mort dans la famille, Cherilia, la petite de Céphise, n'a pas survécu à la colère des dieux. « Ça fait la troisième qui meurt de cette façon » (p. 19). C'est que les habitants ont coupé les arbres, « ils ont coupé jusqu'aux calebassiers, jusqu'aux arbres d'Ogoun » (p. 14) et « Les loas et le Bon Dieu se vengent [...] » (p. 15).

Si l'on devait se tenir aux normes régissant le récit traditionnel à savoir que dans tout récit il y a un personnage, un être de papier qui fait avancer l'histoire en ce sens qu'il s'inscrit dans une dynamique de l'action, ce serait sans nulle doute, Marie-Ange l'héroïne du roman. Comme dans tous les romans de Marie Vieux-Chauvet, *Folie* excepté, les personnages principaux sont des figures de femmes. Mais dans une perspective purement moderne, l'élément moteur et donc central du récit, c'est le village de Fonds-des-Nègres. Il est un actant (la nomination du village se fait dans le registre féminin, d'où ce qui exprime encore l'attachement de l'auteur à l'élément femme), entendre par-là, son rôle d'agent et de support de l'enchaînement des actions. Ainsi comme personnage, son existence s'impose donc dans ce schéma comme une personne « virtuellement réelle », d'autant plus il est doté d'un signifiant qui lui confère une place dans la sphère du visible. Fonds-des-Nègres est, dans la vie, cette commune du département des Nippes, et dans le récit, cet espace rabougri avec ses mornes dénudés, la terre aride incapable de nourrir ses fils. Tout se focalise sur l'espace, ce lieu-acteur où se joue le destin des plus braves et les espérances des déshérités.

*Fonds des Nègres* offre une plongée dans l'univers rural haïtien, la culture paysanne avec tout ce qu'elle contient de force et de faiblesse, ce que Gérard Barthélemy appelle *le pays en dehors*. À la lecture du roman, le lecteur ne peut s'empêcher de se construire sa propre idée de l'organisation de ce monde. De l'appropriation ou la gestion de l'espace et son rapport à l'autre, passant par ses croyances jusqu'à sa ou ses manières de vivre. En dénonçant, les injustices et les abus de toutes sortes, Marie Vieux-Chauvet propose une forme de vie axée sur le communautarisme, modèle qui a prévalu dans les campagnes. En vantant les vertus du vaudou, Chauvet s'est mise à faire un véritable plaidoyer pour la protection de l'environnement et la sauvegarde de ce qui reste des arbres au pays. « Eh bien, si tu ne respectes pas les arbres, tu mangeras la misère toute la vie » (p. 21), dit le Hougan Beauville à Toni qui n'arrêtait pas de couper les arbres pour faire du charbon.

D'un autre côté, Chauvet s'est mise à condamner de toutes ses forces la campagne antisuperstitieuse systématique dans les années 1940 contre la religion des Nègres où l'on a assisté à la coupe accélérée des arbres et le rejet d'objets précieux du culte. En témoigne le passage portant sur les prêtres catholiques qui tiennent des propos jetant l'opprobre sur le vaudou. Et à travers la figure de Beauville, ce sage, ce prêtre-savant qui dit « avoir dans s[m]a tête la science du vodou (*sic*) », et dont il prend la défense.

Roman champêtre mettant en scène les particularités de la paysannerie, *Fonds des Nègres* s'inscrit, en effet, dans la même de *Les arbres musiciens*, roman de Jacques Stephen Alexis dans lequel il s'en prend aux pourfendeurs du vaudou. À côté de l'évocation des croyances populaires et des traditions qu'elle considère comme des piliers de la vie en milieu rural, Marie Vieux-Chauvet opte pour un syncrétisme religieux qui mettra fin aux actes de stigmatisation du vaudou. C'est ainsi qu'il faut comprendre les propos du narrateur qui croit comme grande Ga que « la religion vodou (*sic*) n'était pas la religion du diable et Jésus et tous les saints y présidaient, exposés dans le temple, sur l'autel » (p. 154). L'initiation de Marie-Ange en est une autre preuve car « elle entrait aujourd'hui dans la religion des loas tout en restant dans la religion catholique » (p. 178).

Cri d'alarme, *Fonds des Nègres* est le roman qui propose la régénération de l'homme haïtien par l'éducation, la fraternité, l'entraide et l'amour du travail.

**Dieulermesson PETIT FRERE,**
**M.A.**

Avec *Amour*, Marie Vieux-Chauvet fait tomber les masques. Roman de la révolte, des conflits (politiques, sociaux et amoureux) et du courage aussi, Vieux-Chauvet y a atteint le sommet de son art.

Marie Vieux-Chauvet, « **Amour** » in *Amour, Colère et Folie*, Paris, Editions Zellige, 2009, 383 pages.

*Amour* est le premier récit qui ouvre la trilogie romanesque *Amour, Colère et Folie* de Marie Vieux-Chauvet. Il a été publié pour la première fois en 1968 par les Éditions Gallimard en France. C'est son livre le plus populaire et, probablement, le plus lu. Taxé de roman de la dictature, il a suscité la colère de Duvalier qui va jusqu'à persécuter la famille de l'auteure. Acculée et craignant pour sa sécurité, elle a dû acheter presque tous les exemplaires imprimés pour les brûler afin de sauver sa peau.

*Amour* est le récit d'amour et de haine de Claire Clamont, jeune femme vierge âgée de 39 ans. Vivant dans une maison de campagne avec ses deux jeunes sœurs, Félicia et Annette, elle aime en silence son beau-frère, Jean Luze, le mari de Félicia. Elle rêve de cet amour et se met à fantasmer sur le beau-frère. Cet amour la rend folle et furieuse, sans pitié pour ses semblables. Insatisfaite de sa vie, troublée devant le désastre de sa ville et de son pays rongé par la dictature de Duvalier, les idées de changement la bouleversent. Elevée selon les préjugés de sa classe sociale, n'ayant pas eu d'homme dans sa vie, elle se retrouve frustrée et conçoit la sexualité comme un acte de libération de son corps prisonnier des fantasmes, et de son pays en proie à la dictature.

**Claire ou le rejet d'une famille**

Claire est cette jeune femme à la peau noire qui n'est pas contente de sa condition de vie. Elle diffère de ses sœurs qui ont chacune le teint clair et attirent le regard de tout le monde. Avec sa couleur de pauvre paysanne, elle se considère comme l'erreur de sa famille. « Cette couleur d'acajou » trahit l'identité de toute la famille ainsi que de sa classe sociale. Victime de racisme et de marginalisation, à 39 ans, elle ne trouve pas une épaule sur quoi s'appuyer. Les préjugés et les déboires empoisonnent sa vie jusqu'à ce qu'elle devienne une menace pour son entourage. Elle n'arrête pas de pleurer sur son sort :

*Je suis née en 1900. Époque à laquelle les préjugés battaient leur plein dans cette petite province. Trois groupes s'étaient formés qui vivaient aussi isolés l'un de l'autre que des ennemis : les « aristocrates » dont nous faisions partie, les petits-bourgeois et les gens du peuple. Tiraillée dans l'ambiguïté d'une situation particulièrement délicate, je commençai dès mon jeune âge à souffrir à cause de ma peau foncée, cette couleur acajou héritée d'une lointaine aïeule et qui détonnait dans le cercle étroit des Blancs et des mulâtres-blancs que mes parents fréquentaient. Mais, c'est le passé et je ne tiens pas, pour l'instant du moins, à me tourner vers ce qui n'est plus... (p. 10)*

Claire est une ratée, un rejet de sa famille. À la mort de ses parents, elle prend les rênes de la maison et s'occupe de ses sœurs. Quand Félicia met au monde Jean-Claude, elle joue le rôle de domestique et de maîtresse dans la maison familiale. Certaines fois, elle se met dans la peau d'une mère de famille, se substituant à Félicia en devenant la femme de Jean Luze.

Dans plusieurs de ses monologues, elle fait entendre sa voix et s'apitoie sur le malheur du pays. Elle voit et remarque que notre société est rongée par la dictature de Duvalier et la misère qui provient des catastrophes politiques et naturelles.

*Alors, nous sommes maudits ! Cyclones, tremblements de terre et sécheresse, rien ne nous a fait grâce. Les mendiants pullulent. Les rescapés du dernier cataclysme, infirmes, à moitié nus, hantent les barrières des maisons. Chacun feint de ne pas les voir. La misère des autres n'a-t-elle pas toujours existé ? Depuis dix ans qu'elle ne fait que s'accroître elle a, à présent, le visage figé de l'accoutumance. De tout temps, il y a ceux qui mangent à leur faim et ceux qui s'endorment le ventre creux.* (p. 13)

Incapable de fermer les yeux sur la misère, l'injustice et les souffrances humaines, elle éclate pour dire que :

*La misère, l'injustice sociale, toutes les injustices au monde, et elles sont innombrables, ne disparaîtront qu'avec l'espèce humaine. On soulage des centaines de souffrances pour en voir éclore des millions d'autres. Peine perdue. Et puis, il y a la faim du corps et celle de l'âme : celle de l'intelligence et celle des sens. Toutes les souffrances se valent. L'homme, pour se défendre, a cultivé sa méchanceté. Par quel miracle ce pauvre peuple a-t-il pu pendant si longtemps rester bon, inoffensif, hospitalier et gai malgré sa misère, malgré les injustices et les préjugés sociaux, malgré nos multiples guerres civiles ? Nous nous exerçons à nous entr'égorger depuis l'indé-pendance.* (p. 15)

**Amour, un récit au présent**

*Amour*, comme la plupart des récits de la romancière Marie Vieux-Chauvet, raconte notre présent. C'est une radiographie de la société haïtienne d'hier et d'aujourd'hui. L'auteur y critique et dénonce les préjugés de couleur, les injustices sociales et la misère qui faisaient rage à son époque au sein du bas-peuple et qui continuent encore sous nos yeux. Claire est le personnage typique de cette société sous l'emprise du racisme et de la dictature. À travers les monologues que Marie Vieux-Chauvet met dans sa bouche, on doit voir qu'elle fait la plaidoirie pour une société plus juste et équitable afin que tous les haïtiens puissent vivre dans l'harmonie, l'entente et la fraternité sans la dictature et la violence.

**Mirline PIERRE, M.A.**

Ce récit est d'une extrême fatalité. Deuxième de la grande trilogie de Marie Vieux-Chauvet, *Colère* est l'histoire d'une famille basculée dans l'horreur et sujette à une fin tragique.

Marie Vieux-Chauvet, « **Colère** » in *Amour, Colère et Folie*, Paris, Editions Zellige, 2009, 383 pages.

*Colère*, roman de peur, de haine, d'injustices sociales et de domination fait partie de la trilogie de Marie Vieux-Chauvet, *Amour, Colère et Folie*, parue en 1968. C'est aussi un roman de violence où les images gore se défilent et peuplent le vécu d'une famille représentative de la condition existentielle de toute une société. Un tableau qui nous montre que l'homme est capable de toutes les cruautés du monde une fois goûté au pouvoir. Dans ce roman, l'auteur met au-devant de la scène une famille qui voit ses terres réquisitionnées par des « hommes en noir », des milices du pouvoir en place. Les membres de cette famille, vautrés dans la haine, la colère, et l'humiliation, cherchent un moyen de récupérer l'héritage familial sans se heurter contre le mur des bourreaux. Que faire ? Vont-ils laisser l'Autre s'approprier, non seulement de leurs biens, mais aussi de leur humanité ? La peur a créé l'impuissance qui, à son tour, génère la colère. Et pour briser les chaines de cette torpeur qui retient prisonnière sa famille, Louis Normil livre sa fille entre les mains du « gorille » qui, le pouvoir aidant, se fait dieu. Mais, que va-t-il se passer par la suite ? Rose, la marchandise salvatrice selon son père bien sûr, va-t-elle se laisser prendre comme les terres de sa famille ? Est-elle comme le jeune forgeron qui entre dans la tanière du dragon, non pour se laisser dévorer mais pour le défier et le terrasser ? Rose danse sur le volcan de la vie haïtienne sous dictature et s'expose aux laves passionnelles du chef des « hommes en noir ».

Entre révolte et résignation, victime et bourreau ou victime consentante et victime-bourreau, où devrait-on placer Rose dans cette relation avec cet homme qui veut s'approprier de son corps ? Entre la capitulation ou la reddition et la ruse, une lutte sanglante se livre pour l'appropriation du corps de l'Autre où le frôlement des doigts n'est que des sifflements de projectile. Le sexe devient arme de guerre et le lit, le champ de bataille des désirs antinomiques. Entre Rose et le « gorille », qui détient l'autre, qui a le contrôle de l'autre ? Dans *L'amant de lady Chatterley*, David Herbert Lawrence écrit ceci :

*Mais une femme pouvait céder à un homme sans céder son moi profond et libre [...]. Une femme pouvait prendre un homme sans s'abandonner vraiment. Au contraire, elle pouvait user de l'acte sexuel pour acquérir un pouvoir sur l'homme. Pendant l'acte physique, elle n'avait qu'à se retenir, laisser l'homme finir et se répandre, sans jouir elle-même. Et puis, elle pouvait prolonger l'étreinte et achever son spasme en ne faisant de lui qu'un instrument.* (p. 27)

Ces mots nous font penser à la situation de Rose qui se livre comme une morte au « gorille » pour lui soutirer les terres de sa famille. Elle considère donc ce dernier comme un moyen et non comme une fin. Elle dit : « Il n'y a de déshonneur que dans le plaisir partagé et il a couché à une morte » (p. 285). Et plus loin, elle ajoute : « La virginité réside dans l'âme et non dans la chair » (p. 287). Cependant, Rose elle-même se trouve en proie à une lutte intérieure, elle ne peut même pas se décider du rôle qu'elle joue dans cette histoire. Entre son absence de puritanisme et le sadisme du « gorille », elle ne sait pas où est la place de sa conscience trouée de douleur, syncopée en mille lassitudes.

*J'ai touché le fond de l'horreur, dit-elle. J'ai touché, grâce à lui, le fond de la vase. Docile, trop docile pour une vierge. Étais-je vierge ? Complice ? Ne suis-je pas en train de m'y habituer, d'y chercher plaisir ? Pensée accablante qui me traque jour et nuit. Pas une fois je n'ai raté un rendez-vous, pas une fois je n'y suis arrivé en retard.* (p. 289)

Ce roman est aussi une critique du régime dictatorial-inhumain duvaliériste qui a terrorisé le peuple haïtien et aussi de l'abus du pouvoir que font preuve les hommes enrôlés pour semer la terreur au sein de la population au nom de la loi. C'est le pouvoir même qui devient la cible de cette critique. « Donnez une arme au pire des imbéciles et vous verrez grandir un monstre ». Et cela nous permettra d'élargir le cadre de la question victime-bourreau en dehors du couple Rose-gorille. Ce dernier lui-même, victime de la misère et d'une situation exécrable dans le passé, se laisse entraîner par les vagues du pouvoir pour se faire un nom au sein de cette société qui lui prenait par les chiottes. Bourreau à son tour, il terrorise ses semblables pour se créer une petite place parmi ceux dont on cite les noms à voix basse et en tremblant.

C'est un univers cauchemardesque qui se défile dans *Colère*, guilloché de torpeur et de haine, où la soumission à la tyrannie se fait norme et où la révolte cache son visage sous les draps de la ruse. Le seul moyen de vaincre le tyran, c'est de le tyranniser par son propre pouvoir, le rendre soumis dans une guerre de corps à corps où le désir devient le désir de l'autre. Dans cette guerre, le bourreau devient victime et la victime qu'on croyait être consentante, s'approprie du sexe de l'autre et le pousse, par sa froideur et son inactivité, au faîte de la bestialité. Dans ce petit jeu que jouait Rose, le « gorille » se tourne en macaque et mord à l'hameçon. « Je t'ouvrirai jusqu'à ce que mon poing entier y passe », lui dit-il (p. 285). Beaucoup de lecteurs peuvent considérer le chef des « hommes en noir » comme étant le chasseur, mais bien au contraire, il n'est que la proie. Rose sait mettre son corps en valeur pour se tirer d'affaires ou pour avoir ce qu'elle veut. Se livrer à cet homme hideux et violent n'était pas une reddition, mais une résistance.

Obnubilé par une idée fixe, le «gorille» voit en Rose, un instrument de vengeance. Tout comme Rose, l'accessibilité au corps de l'autre qui était pour lui un portail infranchissable au cours d'une période de sa vie, lui semble enfin un triomphe. Il pense avoir le contrôle, et ne voit en Rose qu'une petite fille soumise jouant le martyr. Il est bourreau dans la mesure où il torture physiquement Rose. Cependant, dans cette résistance non-violente qu'elle lui livre et qui se fait stimulus pour raviver le feu bestial qui dévore cet homme, on voit passer subtilement le « gorille » d'un statut à un autre. Se croyant dominateur, obsédé, il se fait manipuler et perd inconsciemment ce qui lui reste d'humanité. Le pouvoir qu'il croyait détenir sur ce corps qui se laisse prendre, « les bras croisés et les jambes ouvertes », l'emprisonne à l'animalité. Le pire, c'est qu'il n'a jamais compris qu'il était un pion dans le jeu de Rose. Elle n'est pas la seule à s'autodétruire, le « gorille » s'autodétruit également.

Marie Vieux-Chauvet met à nu notre passivité. Cette dernière qui nous rend aussi coupables que nos bourreaux et nos tortionnaires. L'inaction justifie l'action de l'Autre. C'est la passivité des autres membres de la famille qui pousse Rose dans la gueule du loup. Elle raconte : « La révolte stérile de grand-père, le désespoir muet de Paul, la terreur de ma mère, l'horrible humiliante situation de mon père sont autant de raison de lutter » (p. 288). La lutte qu'entreprend Rose contre le « gorille », en utilisant son corps comme arme, trouve son socle dans l'inaction des autres.

**Jethro ANTOINE**

*Folie* est le roman de la peur, de la résignation mais surtout du courage. Entre absurdité et tragédie, l'histoire propose une belle réflexion sur le sens de la vie humaine.

Marie Vieux-Chauvet, « **Folie** » in *Amour, Colère et Folie*, Paris, Editions Zellige, 2009, 383 pages.

De ce que, comme rapport, la littérature entretient avec ce dont elle est issue communément appelé le réel, il n'y a de certitude que dans le fait qu'un tel rapport ne peut être que problématique. En effet, la nature de ce rapport n'est pas plus faite de pur mimétisme – Sartre autant que Barthes l'ont montré – que d'autonomie complète puisqu'au final, on parle toujours de quelque chose. Problématique donc. Le prétexte de notre geste étant la trilogie de Marie Vieux-Chauvet, il s'agit de se demander ce qui, au-delà du récit qui n'est jamais qu'un alibi, est la question de l'œuvre. Pour la formuler en termes interrogatives : en prenant comme prétexte le récit *Folie*, sous quelles modalités est problématisé son rapport au politique en tant que celui-ci est en régime d'oppression ? De ce que les modalités de l'oppression duvaliériste ont laissé à la mémoire, quels usages la littérature en fait et comment ces usages mettent-ils en crise notre présent ? Comment nous permettent-ils de le penser ? Ce qui, à l'abord, se présente comme la pensée d'un fait littéraire s'avère la déborder pour permettre la saisie d'un certain rapport au monde, d'un rapport au passé et au présent, ou mieux d'un rapport au présent d'un certain monde, le nôtre. Cela dit, il s'agit de préciser que le geste qui s'expose ici ne vaut qu'en tant qu'il tente de poser à la fois un problème esthétique mais aussi un problème herméneutique ayant partie lié à la façon proprement contemporaine d'accuser une fin de non-recevoir à la mémoire ou sans doute à une certaine mémoire. Telle est la ligne discursive et problématique de ce texte.

L'exigence se pose de commencer par poser dans la linéarité de l'écriture ce qui au fond constitue le fil narratif de l'histoire : on est en présence d'un monde où la violence s'impose au détour de chaque carrefour, l'oppression sourde sert d'environnement à ce poète en mal de poésie existentielle. Même si, absence notée et donc notable, le régime de Duvalier n'est nullement nommé dans le récit. Il est dit : on est en régime d'oppression et le sujet est prostré, « barré » dirait Lacan. Que reste-t-il comme choix ? Le dégout ? La révolte ?

Contre l'oppression organisée, les actions se donnent dérisoires et les mots même du poème, par quoi le poète s'engendre, mentent. La mauvaise foi est ici promue comme ressort du fait littéraire.

*[...] Agglomérations de lâches et de pleutres ! Sortir de ma terreur. Je vais sortir de ma répugnante terreur. Seul, drapé d'une majesté ancestrale, ils me verront apparaître, moi, le poète inoffensif et rêveur, et offrir un front serein à leurs balles. Mensonges. Le poème traverse après de nombreux méandres, le champ de ma pensée et s'y fixe comme pour me tromper sur mon propre compte. J'ai peur* (p. 299).

L'écriture est flamboyante – c'est un poète, narrateur pour l'occasion, qui parle : ce qui le tance reste toujours au seuil de l'exprimable, être plus velléitaire que volontaire qu'il est. On pourrait même croire qu'on est en présence d'un faux-cul se mettant en scène en entrant dans la posture de l'anti-héros sauf à se poser la question : De quel tragique relève le texte ?

On pourrait aussi croire que le narrateur, hypocrite, se réfugie dans la mise en scène de soi pour fuir sa propre révolte, sa propre volonté ; ou à l'autre extrême, être avachi et amorphe qui, l'alcool aidant et constatant l'inertie des autres et le risible de tout acte non-organisé, fait du dire la seule possibilité d'être. Bande de quatre compagnons de poésie, d'alcool et de misère dans une confrérie de poètes sous-alimentés, on se rend compte qu'on a tout faux, pris que l'on est dans la spirale d'une divagation grandiloquente. Ni noir, ni blanc : tout est gris vu du narrateur. De fait, c'est un mulâtre pauvre élevé par une mère dans les bas-fonds de la ville.

Dans *Adolphe* de Benjamin Constant, le personnage principal est un velléitaire de la passion amoureuse, toujours sur le fil entre le vouloir-faire et le remord de n'en avoir pas fait assez. Ici, René, notre héros pathétique condamne les autres de lâcheté caractérisée quand lui-même se terre, –drame du solitaire. Après autant de récriminations contre le monde et huit jours à ne boire que de l'alcool, faute de mieux, René sortira, furieux et superbe dans le ridicule de sa riposte. Les faux-semblants sont levés en même temps que le délire paranoïaque dans lequel était emporté le lecteur. Le dérisoire du geste n'ayant d'égal que la divagation de la mise en scène.

L'absurde étant qu'il sera malgré tout jugé comme traître à la patrie. Le délire ici étant pris comme ce qui, dans l'oppression organisée, permet de voir cette dernière dans ce qu'elle comporte de non-sens.

Donc, aucun risque de se tromper : c'est le récit de René, fils d'Angelie, poète sous-alimenté, en proie au délire et qui, se prenant pour un héros, accepte avec joie de se faire fusiller...

En tant que problématisation narrative du fait duvaliérien, la triologie se veut une ontologie de la condition d'écrivain laquelle exigerait sans doute de camper la figure de l'écrivain comme celui qui est, par excellence, engagé dans un « être à dire » – pour faire une reprise et déplacer une expression de Paul Ricœur – médié dans et par le langage. En d'autres termes, l'écrivain est tout entier pris dans le réseau de la signification qui, en contexte d'oppression, est facilement assimilable à de la rébellion.

Au final, de ce que l'on peut avancer prudemment du rapport de la littérature au réel, en l'occurrence ici de ce qui advient à l'art, au cinéma, à la littérature quand elle prend pour surface de réfraction des affects mémoriels liés au politique, on peut au moins retenir que la métaphore mise en scène par Marie Vieux-Chauvet dans *Folie* a permis à la fin du récit, d'étaler le non-sens de l'oppression du monde en présence autant que le procès de l'impuissance et de la lâcheté. À l'impératif auquel répondait le présent geste qui consistait à rendre compte de *Folie*, il est resté le pari de tenir un discours cohérent qui puisse maintenir vivant, par la réception, l'œuvre et la question de l'œuvre. En fait, tout reste à jouer : la mobilisation de cette page de l'histoire contemporaine d'Haïti sur le mode de la mise en distance et de l'ironie permet de poser la question de savoir comment penser son présent avec ou malgré l'expérience Duvalier. En somme, tout reste à faire...

**Kernst-Elie CALIXTE, M.A.**

*Les rapaces* est un roman peu connu de Marie Vieux-Chauvet. Pourtant c'est un livre capital qui offre une page d'histoire de la dictature de Jean-Claude Duvalier.

Marie Vieux-Chauvet, *Les rapaces*, Port-au-Prince, Henri Deschamps, 1986, 121 pages.

Ce roman a été publié en 1986 par les imprimeries Henri Deschamps en Haïti après la mort de l'auteur, en lieu et place de la trilogie *Amour, Colère et Folie* qui avait reçu le Prix Deschamps la même année. Le livre a été écrit en exil à l'époque où la machine dictatoriale faisait rage dans le pays. Car comme beaucoup de nos artistes de l'époque, Marie Vieux-Chauvet a dû laisser le pays pour sauver sa peau de la dictature de François Duvalier. Sur la quatrième couverture du roman, on peut lire une note précisant que Marie Chauvet signe son dernier roman Marie Vieux. Tandis que les premières publications de l'auteur ont été signées sous son nom de jeune fille, Marie Vieux.

Le récit commence avec une épigraphe tiré du livre de l'Ecclésiaste : « Malheur à toi, pays dont le roi est un enfant ». Une phrase biblique qui prend du sens après la lecture attentive du roman. Elle contextualise le roman avant toute lecture. C'est une mise en garde même sur le malheur qui arrivera tôt ou tard au pays. C'est une *Chronique d'une mort annoncée* qui arrive surement à petits pas sur nous. Plus loin, soit à la deuxième page du roman, une allégorie fait suite à cette phrase biblique. Cette figure de style va montrer l'enchaînement entre les trois parties du roman (Le chat, Les pauvres et La police). Elles symbolisent la catégorisation de la société en trois classes sociales distinctes. Chaque catégorie est indépendante l'une de l'autre. À titre exemple : Le rat est mangé par le chat qui, à son tour est mangé par les pauvres parce qu'ils avaient faim, et ces derniers sont tués par la police par soif de pouvoir. Une société qui engloutisse chaque élément qui la compose. Une société de rapaces, construite sur le modèle de la violence où les plus forts dévorent les plus faibles.

*Les chefs ?*
*Eh bien ils avaient faim*
*D'argent*
*Alors pour en tirer profit*
*Ils ont poussé*

*Le chat
A manger
Le rat
Les pauvres
A manger
Le chat
La police
A manger
Son prochain* (p. 7)

**Les rapaces : roman de la dictature et de la faim**

Nous sommes en 1971, l'année des funérailles du dictateur François Duvalier. C'est un jour de congé et il y avait deuil sur tout le territoire. Le silence et la peur qui avaient été imposés depuis fort longtemps sur la population pesaient même dans les funérailles du grand Chef. Il sera ainsi sous le règne du fils en vue de maintenir le statu quo. Le silence et la peur étaient deux grandes armes utilisées pour faire taire le peuple et le maintenir dans la misère.

*Des milliers de drapeaux claquaient au vent comme des fouets. Cloués par la hampe au toit des édifices, les plus grands étaient les plus bruyants. Des fanions, les plus légers, suspendus à des câbles, se balançaient, sur les rues de la ville. D'ordre de la police, tout était pavoisé, les villas autant que les taudis. Derrière les portes closes, des mères et des veuves qui pleuraient encore leurs fils ou leur époux, crachaient sur le symbole exécré du despote sanguinaire, avant de le hisser au faite de leur maison. Sur les routes, pas âme qui vive : c'était jour de chômage et deuil national* (p. 9).

En fait, *Les rapaces*, c'est l'histoire de Michel. Un révolutionnaire et aussi un poète. Il s'était donné pour mission d'éveiller la conscience du peuple haïtien longtemps endormi par la dictature et la peur. Pour atteindre son objectif, il utilisera l'éducation et l'instruction comme outils pour conscientiser le peuple. Il se lie d'amitié avec Anne, la fille d'un ministre du pouvoir en place qui jouit de tous les privilèges. *Les rapaces* c'est aussi l'histoire tragique d'un vieux paysan nommé Alcindor et ses quatre enfants qui errent dans les rues de Port-au-Prince parce que les miliciens ont volé les terres que son père lui avait laissées en héritage. Face à cette situation, il vend son sang pour pouvoir s'occuper de sa famille :

*Je fais ça pour les enfants. Je vends mon sang pour eux, pour leur offrir le bouillon que je leur ai promis. Mon Dieu ! Que ces gens sont bons de me payer trois dollars, trois gros dollars pour un seul litre de mon pauvre sang !* (p. 57)

*Les rapaces* de Marie Vieux-Chauvet est un cri contre la famine et la misère. Marie Vieux-Chauvet ose, à son époque, présenter un tableau sombre de la vie haïtienne au temps de la dictature. Elle a mis sur le tapis des questions sensible. Elle est une grande voix, une grande femme de lettres, à l'initiatrice du roman moderne en Haïti aux côtés de Jacques Stephen Alexis pour répéter Max Dominique dans *Esquisses Critiques*. Elle aborde dans ces œuvres des thématiques universelles tout en centrant sur le milieu social, entre autres l'injustice sociale, le viol, la mort, la faim, la famille, la violence pour ne citer que celles-là.

Jacques Stephen Alexis disait au sujet de Jacques Roumain « qu'un pays qui vient de produire Jacques Roumain ne peut pas mourir ». À lire l'œuvre de Marie Vieux-Chauvet, nous pourrions faire la même remarque, à savoir qu'un pays qui vient de produire Marie Vieux-Chauvet ne peut pas mourir.

**Mirline PIERRE, M.A.**

# Quatrième partie

## Créations

**185 [Extraits] Lettres de Marie Vieux-Chauvet**
Marie Vieux-Chauvet

**189 Moi et le regard de Marie Vieux-Chauvet**
Serghe Kéclard

**197 Faillir propre**
Inéma Jeudi

**201 Billet à Marie Vieux-Chauvet**
Marie Alice Théard

**209 La lettre à Marie**
Mirline Pierre

# [Extraits] Lettres de Marie Vieux-Chauvet
###### ———— *Marie Vieux Chauvet*

*Marie Vieux-Chauvet a entretenu une correspondance avec sa contemporaine Nadine Magloire pendant son exil à New York autour de son oeuvre et de son engagement. Nous publions ici des extraits de sa correspondace avec l'auteur de* Le sexe mythique.

6

Le 15 Juin 1969.

Chère Nadine,

J'ai bien reçu votre dernière lettre et suis heureuse d'apprendre que Thérèse est gaie et à peu près comblée. Vous avez raison de considérer l'amour comme une chose primordiale et je pense que ceux qui ne peuvent pas comme vous sont bien à plaindre.

J'ai bien envie de connaître votre fille et surtout de l'entendre jouer du piano. La manifestation du talent surtout dans un être tout jeune m'a toujours ravie et je regrette énormément de ne pas vous avoir connues en Haïti.

Je suis en plein déménagement et vous écrirai plus longuement la prochaine fois. Ne me laissez pas du tout sans nouvelle de vous.

\_\_H. qui a été souffrante ces jours \_\_

11

Le 15 octobre 1965

Chère Nadine,

Je dois voir Yvette demain
et je lui transmettrai votre commission.

Non, je ne vous oublie
pas mais la vie à New-York me bouscule
un peu. J'ai rarement une heure creuse
et quand cela m'arrive, des amis s'an-
noncent et l'accaparent.

Grâce à Mr. Tardieu, le père
d'Yvette, j'ai fait plus ample connaissance avec vous. Je vous aime beaucoup, et
ce qu'il m'a dit de vous n'a fait que
confirmer l'impression que vos lettres m'a-
vaient laissée. Je vous trouve, moi aussi,
très émouvante et très sympathique et,
comme je vous l'ai déjà dit, j'espère
que notre amitié se fortifiera si la vie
nous rapproche, un jour.

# Moi et le regard de Marie Vieux-Chauvet
### ——— *Serghe Kéclard*

*Serghe Kéclard est né au Lamentin, à la Martinique. Après ses études à l'Université de Bordeaux III, il retourna dans son pays où il enseigna les Lettres modernes. Il est au lycée Nord-Atlantique à Sainte-Marie jusqu'en juillet 2016. Il a publié entre autres deux romans* L'homme qui avait perdu ses mots *(2009),* Cartel comédie *(2012) et un recueil de nouvelles,* Quartier Césaire ou Chroniques de Morne Soulier *(2009).*

## Moi et le regard de Marie Vieux-Chauvet

Je croisai son regard quelque part entre Limbé et Achéron, entre Port-au-Prince et Bourdon. Des jours et des nuits passèrent avant que je n'eusse le courage (était-ce du courage ?) d'affronter, une fois pour toutes, ce qui me sembla l'assurance tranquille de celle qui ne déroge point à ses principes. Ce qui me parut le sourire à peine esquissé de la femme que nul événement ne peut faire basculer dans la peur. Des yeux noirs au fond desquels des mondes d'inarrêtables douleurs se recomposeront, plus tard, en de somptueuses anamorphoses et des lèvres closes sur des certitudes d'utopies.

Alors un beau matin, je me levai à potron-minet, tout excité à l'idée même d'accéder à cette féminine énigme. Je sus, en cette période troublée par des soubresauts estudiantins et populaires, qu'elle faisait, vers son exil étasunien, escale au pays. Pourquoi quitter une terre d'égal soleil pour une neigeuse contrée ? Peut-être me confiera-t-elle qu'un certain docteur déployait sur tout le territoire d'Ayiti l'aile de son ombre mortifère ? Peut-être. Mais pourquoi choisir cette halte à l'inverse de son trajet ? Incontinent, je m'habillai d'un costume de drill blanc, chaussai des mocassins italiens, recouvris mon crâne dégarni d'un chapeau de baron, convaincu que la raison résidait, simplement, dans l'envie folle qu'elle éprouvait de me rencontrer. Moi le veuf, l'incon-solé...C'était un samedi. Jour de marché. La ville s'ouvrait aux saveurs et fragrances des mornes. Fourmis folles, mouches,

maringouins s'agrégeaient autour des étals à poissons, légumes ou fruits de saison dans la tonitruance des bouches babillardes. Il fallait coûte que coûte que je séduise cette haïtienne lady, que je lui en mette plein la vue. Et qu'au final, elle décidât de prendre souche ici, au Lamentin, pas très loin de Foyal. J'osai en parler à mes compères de jeu qui, médusés, s'en amusèrent :
– Tu vois, les livres te rendent fou ! ...Tu n'as pas vu le joli grain de femme que c'est et cette vieille face laide que tu trimbales avec toi ?, s'exclama l'un d'eux.
– Tu ne connais pas cette dame ! Si ça se trouve elle est mariée, hon ! rajouta un autre.
– Elle divorcera ! répliquai-je tout à trac, sous les rires et les lazzis.

Je leur celai que j'entretenais, depuis longtemps, une correspondance épistolaire avec l'auteure d'*Amour, Colère et Folie*. L'aveu de mon admiration sans borne pour son œuvre, l'attendrit à un point tel que Marie, en m'autorisant l'usage de son prénom, promit de me dédicacer à l'occasion son roman. Depuis, le bibliothécaire que je suis, se mua en céladon. Le matin, je me réveillai avec cette photo d'elle à demi-allongée sur ce qui ressemblait à un sofa jouxtant une bibliothèque garnie de livres anciens. La journée se déroulait dans l'agitation des prêts, des retours de prêts et le soir, je me plongeais, avec délectation, dans la énième lecture studieuse d'*Amour*. Je me figurais, alors, la tenir dans mes bras au cours d'une langoureuse danse, joue contre joue, – en tout bien, tout honneur. Je me figurais me repaître de son capiteux parfum sous les regards jaloux de René Depestre, de Serge Legagneur et d'Anthony Phelps. Je me figurais l'écouter, enthousiaste, disserter de longues heures durant sur la nécessité de l'engagement de l'écrivain en pays tyrannisé et la voir, dans l'éclat d'un rire franc, odyansé comme peu de Samba. Sa demeure devenait ainsi café littéraire et haut lieu où elle tenait salon...Que ne donnerais-je pour que tout cela ne fût pas qu'un rêve ! Exalté par le courage du verbe, j'écrirais avec la dentelle de ses mots, que : « Le bonheur est fugace, il faut un brin de folie pour l'attraper au vol. » Et les lettres de sa vie tragique, en s'inscrivant en ronces ensanglantées au fronton du Fort D., feraient la nique aux « hommes en noir. » : « La peur est un vice, elle s'enracine quand on la cultive. Il faut du temps pour en guérir. »

Les moqueries des uns et la commisération des autres n'entamèrent en rien ma détermination farouche à l'attendre dans une aérogare bondée, par surcroît, surchauffée, le postérieur collé à une banquette passablement inconfortable. La ventilation assurée généralement par de gigantesques brasseurs d'air avait rendu l'âme et celle de secours de mon chapeau haut de forme n'y put rien. De temps à autre, j'interpellais, essoufflé, un voyageur qui venait juste de débarquer : « Avez-vous vu Marie, Marie Vieux-Chauvet ? » ou je m'inquiétais de l'arrivée du vol : « L'avion en provenance de Port-au-Prince est-il déjà là ? » voire dévisageais sans vergogne toute mulâtresse à l'allure altière, une cigarette à la lippe. Le regard ahuri de la plupart des gens me tirait un sourire à peine gêné. Je me rasseyais et replongeais incontinent dans la psalmodie de *Colère*. L'occasion pour moi d'une anamnèse douce-amère. Mon épouse, (Paix à son âme !) avec laquelle je n'eus pas d'enfant, (Ô douleur !) me transformait en un jouet qui comblait son désir irrépressible d'être mère. Je devenais pour elle, tour à tour, Bibich', Messire Papa ou simplement Papa, surnoms auxquels elle répondait de la simple appellation hypocoristique de Manman. Quand ma femme me donnait des ordres – régulièrement donc– Bibich' s'imposait. C'était « Bibich' prends-moi ci ! », « Bibich' va me chercher ça ! » Et monsieur obtempérait. Messire Papa, en revanche, se conformait à un rituel précis et à une circonstance bien déterminée. Lorsque nous recevions en grande pompe –elle, en longue robe noire à traîne et moi, en costume de drill blanc, mocassins vernis à pompons et haut de forme– les invités (surtout ceux et celles qui l'étaient pour la première fois) soubresautaient presque à la voix de madame à la cantonade :

« S'il vous plaît, Messire Papa est prié de rejoindre Manman, afin de présider à l'entrée à table ! » Quelques rires s'égaraient dans le formidable tohubohu que provoquaient les conversations et la musique distillée en boucle par un sextet à vent. Chacun s'amusait alors à se crier « Messire Papa Untel », « Dame Manman Unetelle ». Mes yeux d'hôte s'embrumaient de honte et de gêne tandis que ceux de l'hôtesse brillaient du feu de la satisfaction. Enfin, Papa, réservé à des occurrences plus communes mêmes intimes, conférait une tonalité légère à des relations souvent vécues comme pesantes. Relations où interférait le reproche tantôt fait à l'un tantôt fait à l'autre d'être la cause de l'absence de marmaille dans notre couple –selon nous– forcément mutilé, estropié, et aux yeux des autres, indécent. Aux prises avec des contentions incessantes, je fuyais le domicile conjugal, sous le bras, un exemplaire de *La danse sur le volcan* et de *Folie*. Mon épouse se postait au balcon et m'invectivait à qui mieux mieux :

– Va rejoindre ton haïtienne de papier, pauvre nègre stérile que tu es !

J'avais le choix : aller retrouver mes compères, joueurs incorrigibles de dominos, (mais les questions indiscrètes qui fuseraient de partout si je me pointais, à cette heure tardive, chez l'un d'entre eux, s'avérèrent des armes dissuasives de qualité indéniable) ou m'enfermer dans la bibliothèque municipale dont je gardais, habituellement, les clefs dans la poche intérieure de ma veste. Or, elles ne s'y trouvaient pas. Dans un silence sépulcral, les livres, jetés par terre en un désordre indescriptible, accueillirent au sein de ce temple de la connaissance, ma course effrénée. Et ceux que j'avais rapportés de mon domicile –les deux romans de Marie– me tombèrent des mains. À mon bureau ma femme, hiératique, m'attendait.

– Bibich', je voulais savoir ce que ce lieu avait de si spécial pour que tu me négliges autant afin de passer toutes tes nuits en

compagnie d'âmes mortes!, déclama-t-elle.
— Pourquoi ? Manman, pourquoi ?, hurlai-je.

J'aurais voulu que mon poing l'atteignît en pleine face et qu'elle mourût sur place. Je m'écroulai, au contraire, la voix singultueuse. Elle se leva, le mépris inscrit en lettres majuscules sur le visage et comme si je n'étais qu'un tas informe, elle m'enjamba, sans un mot ni un regard, pour disparaître dans la nuit. Que représentais-je pour elle, en vérité ? L'évidence me crevait les yeux et pourtant... Je rentrai à la maison, le lendemain matin. Ma femme gisait au pied de notre lit conjugal. Elle avait succombé, selon moi, à une crise aiguë de jalousie livresque. Les mots rancuniers, en encombrant son cœur et sa tête, l'avaient terrassée. À dire vrai, le médecin appelé à son chevet diagnostiqua un accident vasculaire cérébral...
— Monsieur, monsieur, nous fermons l'aérogare, il faut vous en aller ! La supplique du gardien m'installa du coup dans ma réelle quotidienneté : j'attendais une chimère.

Néanmoins, durant une semaine, je revins régulièrement à mon port d'attache, espérant la venue de Marie Vieux-Chauvet. En vain. Et un lundi après-midi, à travers la vitre qui séparait la foule de la salle de transit, je croisai un regard que je crus être le sien. Aussi intense. Pareillement incandescent. La femme qui l'affichait, mulâtresse à la chevelure moirée, tenait du bout de ses longs doigts une cigarette qu'elle porta, nerveusement, à ses lèvres. Je lui fis de grands signes. Ses yeux me fixèrent un court instant à l'instar d'un défi. Un sourire narquois lacéra sa bouche et elle se détourna aussitôt de moi.

Ce jour-là, le chic du chic, je portais des mocassins noirs et un costume sombre avec nœud pap' agrémenté d'un chapeau melon noir...

# Faillir Propre
### —— Inéma Jeudi

*Inéma Jeudi est né à Jacmel en 1981. Après ses études de droit, il travaille aujourd'hui comme journaliste, attaché à la section culturelle de la Télévision nationale d'Haïti. Membre de l'Atelier Jeudi soir, ses textes sont mis en musique par Herby Francois, Wooly Saint Louis Jean et BIC. Son dernier recueil,* Le jeu d'inéma *(2016) paraît aux éditions Le temps des cerises.*

## Faillir propre

Pour l'estimable douleur délassant toute voix pleine de peuples partis tôt tête dans l'air têtu Par le sourire faisant outil de joie et preuve de bonne route J'entends vomir l'âme et lumière Autant de bleus rages qu'exigent mes caprices élevés braves

Vivre est en moi frôlement de vertige cohorte de soupirs qui font signe d'avancer dans l'acte net des ombres arrêtées en flagrance de lits d'orgasmes en délits d'infinies défaites

Foutu je serai lu large sec dépossédé de moi-même feu de paille d'art crus carrément cris poussés ivres comme des racines assoiffées

Le beau qui réclame l'honnêteté du sel vient de ces cris là
Cris d'hiver amis des luttes pures amis de l'avenir orphelin de formes amis des forces vues amis de farces d'eau

Alors qu'amour armé de sang giclé des combats sans nombre je viens dans la chair pour perpétuer le dialogue fin des âmes finies J'admets que le corps est école libre Moule de désirs invités au concert des sens prêts à crier victoire Venu de l'échec plus grand qu'homme je serai l'unique doute noir au souffle court coup de flache haché lâché dans tout texte faisant métier d'heureuses caresses

Jusqu'à ce que koudalini soit flirt et flirt flair habitable Fille de foutre en âge de confier mes crises au drap blanc et mes dents à la joie me revoilà ruse incarnation de grandes rues

# Billet à Marie Vieux-Chauvet
## ―――― *Marie Alice Théard*

*Poète, nouvelliste critique d'art et commissaire d'expositions, Marie-Alice Théard dirige depuis plus de trente ans la galerie d'art Festival arts, qui promeut la peinture haïtienne. Docteur honoris causa in humanities, membre de l'Association internationale des écrivains (IWA), de l'Association internationale des critiques d'art (AICA), du Métropolitan museum of art (New York), elle a publié en 2013, un important volume sur l'art féminin en Haïti intitulé* Présence féminine dans l'art haïtien.

## Billet à Marie Vieux-Chauvet

Honneur Marie,

Une émotion particulière me visite en retrouvant dans ma bibliothèque ton dernier livre achevé : *Les rapaces* dont j'ai fait l'acquisition en 1987. Je redécouvre également *Amour, Colère et Folie* publié chez Gallimard en 1968, dont tu as dû interdire la diffusion en Haïti et qui te vaut le Prix Deschamps en 1986. Encore à cette époque, je suis du nombre des rares lecteurs de tes livres jugés d'une provocation intolérable.

Née à Port-au-Prince en 1916, tu meurs en exil dans la ville de New York. Tu n'as pas vu la fin de la dictature de Duvalier, toi, une des premières à dénoncer ce régime.

Historienne, romancière, tu viens d'Haïti que tu aimes éperdument. Ce pays où « richesse et misère ! Ce contraste représentait la honte et le « déshonneur ». Prise d'une énergie créatrice et d'une audace éhontée, tu dénonces les faits répréhensibles de ces « bourgeois du pays, gommés et parfumés ». Au risque d'être désavouée par une société étriquée, tu relates toutes les contradictions d'une époque dont certaines images sont floues pour ceux qui n'ont pas vécu l'occupation américaine. Femme de réflexion, tu déranges ces gens de bien sous tous les rapports qui s'amusent d'un rien, alors qu'à quelques quartiers d'autres vivent en haillons ou meurent de faim. On a même l'outrecuidance de traiter les pauvres de paresseux dans ce cercle de « tailles cambrées, élégantes courbettes, robes à volants tournoyant sous la lumière des lampes ». « La misère des autres est affaire qui les regarde ».

J'aimerais m'entretenir en tête à tête avec toi ; parler de cette époque où l'idée pour une femme d'écrire un roman ne peut prendre pour sujet que ce qui est « acceptable ». D'aucuns pensent que tu es une personnalité tourmentée. Ta sœur Liliane évoque tes grands moments de silence, ces moments qui génèrent une réalité romancée plongeant le lecteur dans ton enfer esthétique. J'aimerais être la bienvenue parmi tes mots. Entrer dans les arcanes de ta pensée. Faire le rêve qui meuble tes silences ; découvrir avec toi le malaise ressenti quand tu te crois pareille à l'autre qui vit les injustices d'une dictature, les subit et en bave. Parler de l'écriture qui va jouer dans ta vie un rôle majeur. Mettre en lumière les turpitudes et les humiliations de l'occupation américaine, ses excès et ses outrances. L'odeur suffocante du drame perpétuel d'un peuple évoluant dans une société scindée. Tes tornades intérieures, femme qui dit ton humanité et ta rébellion contre cet univers ambigu qui sévit en Haïti depuis cette fin du XVIII$^{ème}$ siècle dont tu relates l'histoire coloniale avec son inhumanité. Tu racontes avec la même lucidité la violence haïtienne due à cet héritage cruel. Nos âmes en gardent encore l'empreinte et les séquelles dans l'agissement de tes personnages. Les fossés claniques ne se comblent guère malgré les métissages et une certaine complicité occasionnelle. Tu juges sévèrement l'égoïsme des nantis et leur roublardise, les poussant jusqu'à prostituer leur fille afin d'accéder à une quiétude illusoire.

J'aurais voulu t'avoir connue, belle mulâtresse menant une existence en apparence paisible dans une famille honorable et faisant partie de ce monde suffisant et arrogant. Me référant au jugement porté sur les femmes de ton clan, au début, je reste perplexe face à ces gens dépenaillés dont tu ressens la dégradante condition profondément. Je comprends rapidement que tu es loin de la romancière à l'eau de rose : transgressant les règles de ton milieu qui te déçoit par son hypocrisie, sa lâcheté et ses compromissions, tu fais son procès. Cela ne va pas arranger les choses avec ce monde frivole au sein duquel la femme est encore assujettie à son sexe. *Amour, Colère et Folie* te marginalise en dévoilant ta forte personnalité. Tes fantaisies d'écrivain ne sont pas des pamphlets au pouvoir illusoire. Tu comprends avec une facilité déconcertante, le bonheur fugace et les angoisses de cette société féroce où l'on tue l'innocence.

Le talent et l'amour ne suffisent pas pour atténuer la misère et les plaintes accusatrices de ceux ayant pour univers les escaliers courtisant les caniveaux. Une rage latente augmente le caractère oppressant de tes textes. Tu vas à l'encontre des principes et des visées de la société bourgeoise. En relatant la mouvance de certains faits événementiels chaotiques, tu espères la conscientiser par la force de tes publications littéraires.

La politique veille dans ce pays où « tout se fait en catimini ». Tu mets le poing dans la plaie. Tes romans vibrent avec les sans voix, toi si différente d'eux par l'éducation, la fortune et la classe sociale. Tes écrits témoignant de l'inexplicable complexité de la vie sociale. Tu deviens une personnalité douteuse et une nuisance : ton cœur bat à gauche. Tu séjournes chez ta servante Mémé afin de mieux appréhender les problèmes sociaux à décrire dans tes livres. Tu sympathises avec ce milieu. Tu danses sur les rythmes de ta culture haïtienne. Ta générosité et ta révolte sont palpables. Tu es attirée par la philosophie des « barbudos » et de Fidel Castro. Tu déranges les gens de ton milieu et le régime politique en place. Tu pars pour l'exil.

J'aimerais t'entendre me confier la douloureuse déception créée par l'incompréhension. Comprendre ces sentiments qui jalonnent tes luttes intérieures et investissent tes émotions les plus intimes dans cette grande ville de New York où tu vis dorénavant presque dans la gêne, le reniement et l'oubli. Ta vie s'essouffle à vouloir rester digne et fidèle à tes convictions. Le 19 juin 1973, le cancer du cerveau a eu gain de cause en démolissant cette combattante que tu es restée.

Répondant à tes vœux, ton corps embaumé revient au cimetière de Port-au-Prince, cette ville que ton âme n'a jamais quittée. Ta tombe n'est pas très loin du mausolée de celui que tu as si imprudemment et si vaillamment décrit. La petite-fille de ta sœur Liliane va déposer un bouquet occasionnellement pour fleurir ta solitude. Geste de grand courage pour l'époque de la dictature qui a causé de grandes pertes dans ta famille…. Avec le temps, ce cimetière devient un repère de commerces innommables. Bien des caveaux sont vandalisés par les prostitués et les amateurs de fétiches. Les gens de ta condition n'y mettent plus les pieds. Le jour les sentiers sont habités par des cabris errants et des voleurs de tout poil. Au tournant d'une allée oubliée, tu échappes à ces dégradations flagrantes de notre société. Les lierres sont les seules visiteuses à faire l'assaut de ta dalle de pierres. Cependant ton souvenir est vivace dans le cœur de tes enfants. Si nous sommes peu nombreux, jusqu'au départ des Duvalier, à être curieux de ta belle personnalité et de celle de Nadine Magloire, autre plume lumineuse de la littérature féminine haïtienne, le rayonnement de ton œuvre est international. Tes livres circulent dans les universités étrangères. Timidement, ton portrait est affiché parmi d'autres sur les murs de certains lieux culturels en Haïti. Cependant, d'aucuns voient une élégante jeune femme et ne poussent pas leur curiosité plus avant. Mais, le temps fait son œuvre. L'espoir offert aux écrivaines prend de l'ampleur en Haïti...

Dis, avais-tu une intuition de l'avenir ? Aujourd'hui tu deviens une figure emblématique du monde littéraire. Haïti fête grandiosement tes cent ans. On rend un tribut à ton courage, à ton talent, ta maturité d'expression, le lyrisme de ta narration etc. Les médias veulent compenser les oublis et remédier à ces années touchées d'absence. Tes livres sont réédités et tu es l'invitée d'honneur de *Livres en folie*. La galerie de la Fokal expose tes photos et d'autres souvenirs de famille sont partagés avec un public qui est avide de revivre cette révolte qui t'a assiégée et découvrir des zones d'ombre de l'occupation américaine.

Tu aurais eu plaisir à converser avec ces jeunes curieux des références de l'époque : un moment de convivialité, loin des goûts frivoles des nantis. Réunis pour l'amour de l'art et des belles-lettres, ces écrivains font route vers de nouvelles visions où l'écriture devient une thérapie. Tu aurais approuvé cette motivation engendrée par tes livres. C'est un voyage enrichissant et de grand réconfort pour les artistes décriés à cause de leur forte personnalité et leur culte de la vérité. Autrefois désavouée, tu es devenue l'exemple à suivre : impérieuse et hardie.

L'art de la synthèse n'a aucune influence sur les souvenirs narrés amplement par ton fils Pierre, tes neveux, ta sœur Liliane et d'autres membres de ta famille. On devient intarissable sur le sujet. L'ambiance est élégante et puissante d'émotions pures. Au Parc de la Canne à Sucre, c'est l'apothéose.

J'apprends enfin que tu ne viens pas d'une famille de nantis, vivant dans une aisance égoïste. Tu n'as jamais été une intellectuelle, même si tu en as fréquenté quelques-uns, mais une humaniste, luttant contre l'ostracisme et les préjugés mesquins de son époque. J'aimerais te confier que, ce que je lis de toi, attise ma témérité à trouver en moi l'essentiel; indépendamment des aprioris, afin de mener un juste combat.

Je me retire ravie par ce moment avec toi et te rends hommage en te rappelant Démosthène : « La vie de Démosthène fut un combat et ce combat fut toute sa vie ».

Respect.

# La lettre à Marie
## ——— *Mirline Pierre*

*Détentrice d'un master en Langages, Cultures et Sociétés en milieu plurilingue de l'Université des Antilles (UA), Mirline Pierre enseigne le français et les lettres à l'Institut français en Haïti et à l'Université de Port-au-Prince. Coauteure des* 50 livres haïtiens cultes qu'il faut lus dans sa vie *(2014) et du collectif ...* des maux et des rues, *elle est aussi responsable de la collection Jeunesse à LEGS ÉDITION.*

## La lettre à Marie

Marie,

Hier, j'étais à Fonds-des-nègres. J'ai eu cette envie de visiter cette ville que tu as recréée depuis le jour où j'ai fait la connaissance de l'oncle Beauville. Tout comme toi, je brûle d'envie de visiter chaque coin et recoin du pays pour découvrir ce qui reste de beauté du paysage.

J'étais seule avec le chauffeur à bord de cette voiture qui roulait à vive allure en direction du midi. Quel plaisir ai-je pris à contempler à travers le pare-brise le défilement des arbres et des maisons tout le long de la route. Les maisons se ressemblaient les unes aux autres. Le Sud est l'endroit le plus boisé de toute la République, dit-on. C'est ce qui explique peut-être la présence de cette fraîcheur qui nous a accompagnés pendant tout le voyage. À Port-au-Prince, c'est l'enfer. Les gens s'étouffent parfois par manque d'espace. Il m'a fallu voyager pendant plus deux heures, sans me fatiguer car je voulais tellement voir tout ce que tu décris dans ce roman que j'aime tant, *Fonds des nègres*. L'hôtel où j'ai séjourné a toute une histoire. Je ne l'ai pas aimé, mais j'ai dû m'accommoder parce qu'on m'a raconté que c'est là que se cache l'âme même de la ville.

Je suis allée à Morne Brice là où vivait le grand éclaireur Beauville. J'ai frappé à toutes les portes pour m'enquérir de ses nouvelles. Personne n'a jamais entendu ce nom. J'ai donné toutes les explications possibles à son sujet que j'ai puisées dans ton roman. Ni vu ni connu. À un certain moment, j'ai dû évoquer le titre, *Fonds de nègres*. Tout le monde ignorait que tu avais écrit un livre de ce genre. En fin de compte, j'ai brandi ton nom comme un drapeau pour me convaincre que tu n'es pas une inconnue. Quel dommage Marie ! Personne ici n'a idée de ton existence. Que tu as consacré une bonne partie de ta vie à dénoncer les mauvaises conditions de vie de tes frères et crier haro sur « les hommes en noirs » qui maltraitaient le peuple.

Marie, tu as été longtemps dans les oubliettes. L'on a beau faire pour te jeter dans cet oubli parce que tes écrits et tes réflexions ont démasqué tant d'hypocrisie. Tu écrivais surtout pour réveiller les consciences. Tu rêvais d'un pays qui prioriserait l'éducation et l'instruction pour nous sortir du bourbier inextricable. Fonds-des-Nègres, cette ville ne te reconnaît pas tout comme plusieurs milliers de tes frères et sœurs ne savent pas que tu avais écrit pour leur sauver de ce marasme et dire non à l'illusion. Pour démasquer tous ces politiques qui nous embrouillent l'esprit.

Marie, je pleure une ville. Tout un pays qui disparaîtra sous peu. La catastrophe nous engloutira certainement. Et ce qui est drôle, nous la regardons en face, impuissants, avec des rapaces qui voguent autour de nous dans l'espoir de rester en vie pour faire leur beurre. Il y a six ans déjà, nous avions été broyés par cette *chose* qui nous rappelle si bien le désastre de Lisbonne. Cette *chose* a emporté mon vieux père dans cette maison de famille que nous aimions tant, et dont nous n'avions jamais rêvé quitter. Je cherche encore le corps de mon père dans cette poussière grise et dans le débris du séisme. Aujourd'hui encore, nous continuons à enterrer nos morts, comme si nous ne savons faire que ça : vivre avec les morts. D'ailleurs, nous avions appris à vivre avec nos morts et nos catastrophes. Tout cela, tu le savais depuis ton vivant.. J'attends la dernière scène de l'acte de la mort. Le génocide de ce peuple.

# Cinquième partie

# Regards

**215 Caribbean Studies Association, 41ème conférence**
Par Wébert CHARLES

**217 Prix, distinctions et événements**

# Caribbean Studies Association, 41ème conférence

Du 6 au 11 juin 2016 s'est déroulée à Port-au-Prince, la 41$^{ème}$ conférence de la *Caribbean Studies Association* (CSA). Réalisée chaque année depuis 1975, c'est la première fois qu'Haïti accueille cette grande manifestation scientifique de la région.

Pour la présidente de la CSA, Carole Boyce Davies, réaliser une telle conférence en Haïti a une signification historique. « La conférence CSA-Haïti 2016 réalise un rêve de longue date, celui d'organiser une conférence en Haïti et de redonner à Haïti la considération intellectuelle qui lui revient. » « Notre association réclame sans ambages que la Caraïbe tout entière soit son lieu de rencontre, d'étude, de reconnaissance et, par-dessus tout, de transcendance ; nous considérons le travail universitaire et intellectuel haïtien comme la clé pour comprendre la Caraïbe toute entière, la diaspora africaine, les Amériques et le reste du monde » poursuit Carole Boyce Davies.

Dans cette optique, plus de 500 chercheurs, professionnels et défenseurs de droits humains se sont donné rendez-vous en Haïti autour du thème : « Mouvements globaux caribéens, idées, culture, arts pour un système économique viable ». Un hommage a été rendu à la militante Angela Davis, faisant d'elle l'invitée d'honneur de cette édition. Connue pour ses prises de position aux côtés des Black Panters aux États-Unis dans les années 1960, Angela Davis sera très vite condamnée à mort puis graciée suite à une mobilisation internationale.

Angela Davis a intervenu à l'Hôtel Marriott, dans le cadre de la 41$^{\text{ème}}$ conférence de la CSA, sur son parcours et surtout sur la place des Haïtiens dans le combat pour la liberté des Noirs dans le monde entier. « Nous les Noirs, nous avons une grande dette envers Haïti. C'est la racine de la liberté » lance la militante devant une foule de plus de 800 personnes.

La 41$^{\text{ème}}$ conférence de la Caribbean Studies Association s'est réalisée parallèlement avec la conférence de l'Association de bibliothèques et des archives de la Caraïbe (ACURIL) et de la Conférence des Recteurs, Présidents et Directeurs d'universités de la Caraïbe (CORPUCA), membres de l'Agence universitaire de la Francophonie (AUF).

La 42$^{\text{ème}}$ conférence de la CSA aura lieu en juin 2017 à Nassau autour du thème « Culture and Knowledge Economies: The future of Caribbean Development? ».

Wébert CHARLES

# Prix, distinctions et événements

**Livres en folie/Journée d'études**

La vingt-deuxième édition de *Livres en folie*, la plus grande foire du livre d'Haïti, déroulée du 26 au 27 mai 2016, a eu comme invitée d'honneur, la romancière Marie Vieux-Chauvet. Une journée d'études a lieu à la Bibliothèque nationale d'Haïti par les organisateurs pour commémorer son centenaire de naissance. Des chercheurs et universitaires haïtiens et étrangers ont présenté leurs travaux sur l'œuvre de l'auteur.

**Les gardiens du livre**

Marc K. Exavier, Jocelyne Trouillot Lévy et Thomas C. Spear sont les heureux récipiendaires du prix *Gardiens du livre* décerné par les organisateurs de la vingt-deuxième édition de *Livres en folie* au mois de mai 2016. Si les deux premières personnalités sont récompensées pour leur militance dans la cause du livre en Haïti, Thomas Spear, le premier étranger à se voir attribué cette distinction, a eu cette distinction pour la promotion qu'il fait de la littérature haïtienne à partir de son site web, ile-en-ile.org, créé depuis 1998.

**Makenzy Orcel, quatre prix pour *L'ombre animale***

Le romancier haïtien, Makenzy Orcel a été distingué par quatre prix littéraires : le prix Littérature-monde, le prix littéraire des Caraïbes de l'ADELF 2016, le prix Ethiophile et le prix Louis Guilloux pour son roman intitulé *L'ombre animale* paru aux éditions Zulma en janvier 2016. Né en 1983, Orcel est l'auteur de *Les latrines* (2011) et *Les Immortelles* (2010) salué par le prix Thyde Monnier de la Société des gens de lettres.

# Prix, distinctions et événements

**Quinzaine du livre de Vagues littéraires**

Les éditions des Vagues ont organisé, du 26 juillet au 12 août 2016, la deuxième édition de leur quinzaine du livre dénommé « Vagues littéraires » autour du thème *Lire pour ne pas mourir*. Déroulée dans six départements du pays, « Vagues littéraires » est une activité dont l'objectif est d'inciter les jeunes à la lecture et l'écriture. Fondée en 2013 à la bibliothèque Justin Lhérisson à Carrefour, les Éditions des Vagues sont une maison plutôt spécialisée dans la publication de poésie.

**René Depestre, prix SGDL littérature 2016**

Le Grand prix de la Société des gens de lettres 2016 a été décerné au romancier franco-haïtien René Depestre pour son roman *Popa Singer* paru chez Zulma en février de la même année. Poète et nouvelliste également, Depestre est le premier haïtien à avoir reçu le prix Goncourt de la nouvelle pour son livre *Alléluia pour une femme-jardin* (1982) et le prix Renaudot pour son roman *Hadriana dans tous mes rêves* (1988).

**Conférence internationale sur le genre**

« De la pratique à la science : renouveler les récits sur les femmes en Haïti », c'est sur ce thème qu'a lieu la première conférence internationale interdisciplinaire sur le genre les 28 et 29 avril 2016 à l'Université Quisqueya à Port-au-Prince. Elle avait entre autres objectifs, la mise en valeur des recherches sur le genre et sur les femmes issues tant du mouvement féministe, des dispositifs internationaux, que des ministères et des universités. Organisée avec le soutien de l'Agence universitaire de la Francophonie, elle a réuni des chercheurs et universitaires haïtiens et étrangers.

# Sixième partie

## Repères bibliographiques de Marie Vieux-Chauvet

Recensement sélectif d'œuvres de Marie Vieux-Chauvet et sur Marie Vieux-Chauvet[1]

---

1. Ce travail est réalisé par Mirline Pierre avec le concours de Dieulermesson Petit Frère à partir de recherches effectuées en ligne et dans leur bibliothèque personnelle. Nous sommes très reconnaissants envers Thomas Spear, créateur du site île en île (http://www.ile-en-ile.org) qui rassemble des données importantes sur la littérature haïtienne, lesquelles nous ont été très utiles.

**Œuvres de Marie Vieux-Chauvet**

- *Fille d'Haïti*, Paris, Fasquelle, 1954 ; Zellige, 2014, Imprimeur II, 2016.
- *La Danse sur le volcan*, Paris, Plon, 1957; Paris, Maisonneuve & Larose/Emina Soleil, 2004, Imprimeur II, 2016.
- *Fonds des Nègres*, Port-au-Prince, Henri Deschamps, 1960 ; Imprimeur II, 2016.
- *Amour, Colère et Folie*, Paris, Gallimard, 1968; Paris, Maisonneuve & Larose/Emina Soleil, 2005 ; Zulma, 2015.
- *Les rapaces,* Port-au-Prince, Henri Deschamps, 1986 ; Imprimeur II, 2016.
- *La Légende des fleurs*, Port-au-Prince, Henri Deschamps, 1947; Marie Vieux, 2009.
- *Samba*. Mise en scène vers 1948 à Port-au-Prince. Inédit.

**Œuvres produites sur Marie Vieux-Chauvet**

- Maximilien, Laroche, *Trois études sur* Folie *de Marie Chauvet*, Québec, Grelca, 1984.
- Pedro A. Sandin-Fremaint, *A Theological Reading of Four Novels by Marie Chauvet: In Search of Christic Voices*. Lewiston, New York, Mellon Press, 1992.
- Myriam J., Chancy A., *Framing Silence: Revolutionary Novels by Haitian Women*. New Brunswick, Rutgers U. Press, 1997.
- Alessandra Benedicty and Kaiama L. Glover, (dir.), *Revisiting Marie Vieux-Chauvet: Paradoxes of the Postcolonial Feminine*. Special volume of *Yale French Studies* 128 (2016).
- Collectif, *En amour avec Marie*, Port-au-Prince, Imprimeur II, 2016.
- Dieulermesson, Petit Frère, *Je decouvre... Marie Vieux-Chauvet*, Port-au-Prince, LEGS ÉDITION, 2016.

**Traductions:**

***En allemand***
- *Liebe – Wut – Wahnsinn*. Trad. Claudia Steinitz, Berlin, Claassen, 2006; List, 2007.

### En anglais

- *Dance on the volcano*, Trad. Salvator Attanasio, New York, W. Sloan Associates, 1959.
- *Dance on the volcano*, Trad. Kaiama L. Glover, New York, Archipelago Books. ( le livre paraît en 2017).
- « A Translation of Amour, the first book of the trilogy novel *Amour, Colère et Folie* by Marie Vieux Chauvet, with a critical introduction, 'Haiti: From a Woman's Point of View'. » Joyce Marie Cogdell-Travis, Ph.D. Thesis, Brown University, 1980.
- *Love, Anger, and Madness*, Trad. Rose-Myriam Rejouis and Val Vinokur. New York, Random House, 2009.
- *Vultures*, (Les rapaces), Trad. Carolyn Shread, inédit.
- *The Legend of the Flowers*, (La Légende des fleurs), Trad. Alessandra Benedicty-Kokken, inédit.

### En créole

- *Karanklou*, (Les rapaces), Trad. Dieulermesson Petit Frère, inédit.

### En espagnol

- « Ira, una traducción de Colère, by Marie Vieux Chauvet ». Thèse de traduction de Jacqueline Féquière Décatrel, Universidad de Puerto Rico, Ríos Piedras, 1999.
- *Amor, ira y locura*. Trad. José Ramón Monreal, Barcelona, Acantilado, 2012.

### En italien

- *Amore, rabbia, follia*, Trad. Marina Rotondo, Milano, Bompiani, 2007.

**Liste des rédacteurs et contributeurs :**

Ralph ALLEN
Jéthro ANTOINE
Kernst-Élie CALIXTE
Wébert CHARLES
Marie-Josée DESVIGNES
Max DOMINIQUE
Alix EMERA
Jean James ESTEPHA
Marc EXAVIER
Kaïama L. GLOVER
Inéma JEUDI
Serghe KECLARD
Ulysse MENTOR
Dieulermesson PETIT FRERE
Mirline PIERRE
Yves Mozart REMEUS
Carolyn SHREAD
Marie Alice THEARD
Marie VIEUX-CHAUVET

**Déjà parus**

- *Insularité(s)*, No. 1, Janvier 2013
- *Érotisme et tabou*, No. 2, Juillet 2013
- *Dictature, révolte et écritures féminines*, No. 3, Janvier 2014
- *Traduction, réécriture et plagiat*, No. 4, Juillet 2014
- *Migration et littérature de la diaspora*, No. 5, Janvier 2015
- *Littérature jeunesse* , No. 6, Juillet 2015
- *Les plumes francophones émergentes* , No. 7, Janvier 2016

*Imprimé pour le compte de LEGS ÉDITION*
*26, delmas 8, Haïti*
*(509) 49 28 78 11/37 48 59 51*
*legsedition@fr.ht*
*<u>www.legsedition.com</u>*
*Octobre 2016*

www.ingramcontent.com/pod-product-compliance
Lightning Source LLC
Chambersburg PA
CBHW020756160426
43192CB00006B/340